新中国超级工程 · 振兴中华的雄师伟业

强盛国力的标志性符号

尽显新中国的时代风采

新中国超级工程

振兴中华的
雄师伟业

《新中国超级工程》编委会 编

研究出版社

图书在版编目（CIP）数据

振兴中华的雄师伟业 / 《新中国超级工程》编委会编.
— 北京：研究出版社，2013.7（2021.8重印）
（新中国超级工程）
ISBN 978-7-80168-830-9
Ⅰ. ①振…
Ⅱ. ①新…
Ⅲ. ①现代化建设－成就－中国
Ⅳ. ①D61
中国版本图书馆CIP数据核字（2013）第158131号

责任编辑：曾　立　　责任校对：张　璐

出版发行：研究出版社
地 址：北京1723信箱（100017）
电 话：010-64042001
网址：www.yjcbs.com　E-mail：yjcbsfxb@126.com
经　销：新华书店
印　刷：北京一鑫印务有限公司
版　次：2013年9月第1版　2021年8月第2次印刷
规　格：710毫米×990毫米　1/16
印　张：14
字　数：190千字
书　号：ISBN 978-7-80168-830-9
定　价：38.00 元

前言

FOREWORD

在社会发展的不同时期，都会产生代表性的伟大工程，比如长城、都江堰、京杭大运河，这些工程都是时代的产物，在当时发挥了举足轻重的作用，对后世也往往有着深远的影响，成了那个时代的标志性符号。

今天的中国，正处在有史以来最大规模的建设时代，随着经济和社会的飞速发展，加之自然和历史的多重原因，产生了许多亟待解决的重大问题，如民生、环境、能源、发展等等。这些问题必须借助一些超常规的工程，才能得以改善和解决，而强盛的国力和日益发展的科技水平，最终让这些超级工程得以实施。

这些超级工程与时代紧密相连，反映着时代的国情与现状，代表着当时的科技和经济水平，通过了解这些超级工程，可以了解国家的发展历程，可以知道国家的基本行为，国家曾经做过什么，正在做着什么，即将要做什么。《新中国超级工程》即从尖端科技、文化振兴、国际合作、世界第一、中国奇迹五个方面选取典型，高度聚焦，深入解读，集中展现了新中国超级工程的磅礴能量，展示新中国的活力和创造力。

作为国家的一分子，每个人都有必要了解国家行为，对整个国家、社会乃至世界有所了解和认识，拥有开阔的视野和眼界，才能更好地准确定位自己，把握机遇。本丛书在科技、交通、能源、水利、建筑、工业、教育、文化等各个领域，选取新中国最具代表性的工程，这些工程或具有国家战略意义，关乎国计民生，或在体量规模上空前超大，或在科技水准和建造水平上走在世界前列，集中展示了新中国在各方面的突出行为和成就。

本书——《振兴中华的雄师伟业》在能源、工业、交通、城乡建设、国防、航天、科研、教育、文化等诸多方面，精选了数十个具有代表性的中国现代化建设项目，这些项目都拥有超大的规模、国内乃至世界最高的科技水准、代表中国当下最佳的建造水平，通过它们高度聚焦，读者可以很好地了解国家在现代化建设上的行为，认识祖国的发展现状，增加民族自信心、自豪感以及使命感。

“风声雨声读书声，声声入耳；国事家事天下事，事事关心。”中国人民自古就有心系天下，忧国忧民的传统。处在竞争如此激烈的现代社会，我们更有必要了解国家行为，知道祖国和世界每天都在发生着什么。这不仅仅是关心国家，更关乎我们的视野，我们的生存和机遇。相信读者通过书中的一个个超级工程，可以了解新中国的过去、现在和未来，从中得到一些见识、感悟和启示，获得一些希望、勇气和力量。

目录

CONTENTS

广东阳江核电站

目前，我国是世界上少数几个拥有完整核工业体系的国家之一。为了推进核能的和平利用，早在20世纪70年代，国务院就做出了发展核电的战略决策。经过40多年的努力，我国核电从无到有，从弱到强，获得了很大的发展。根据中央的指示，在未来10多年中，我国在核电事业上的投入将不少于5000亿元人民币。这并不是一次冲动的投资，因为在能源紧缺的大背景下，核电已经成为了一种最现实的选择。在未来的中国，从沿海到内陆，几十座核电站将拔地而起。

核能是一种最佳选择

根据2007年全球发电量排行榜，我国以发电量32777亿度，成为仅次于美国的电力生产大国。但同时，中国也是一个电力消耗大国。根据国家2020年GDP翻两番的发展目标估计，国内约需发电装机容量为8亿~9亿千瓦，而目前装机容量仅为4亿千瓦，远不能满足未来的发展需要。

在我国的发电结构中，煤炭发电占到了74%的高比例。这意味着如果想发电量翻一番，那么每年用煤就将超过16亿吨。发电结构向煤炭一边倾斜，是一种极不健康的发展方式。首先，煤炭发电需要将煤炭长距离运输至发电站，毫无疑问这对交通运输是一种极大的压力。回想2008年南方的冰灾，光是因交通运输困难、电煤供应紧张，就造成了缺煤停机超过3700万千瓦，19个省区拉闸限电。其次，如此大的电煤消耗，会造成二氧化硫和烟尘排放量急剧上升，给环境带来严重威胁。寻找一种干净、清洁、有效的电力能源成为了摆在我们面前的重大课题。

相对而言，水力发电算是一种比较环保的发电方式，不过水力发电有一个缺点，就是必须在水资源丰富的地区才能发展，开发的难度也相当的大。而太阳能、生物能等可再生能源开发对技术的要求极高，随之成本也会增高。在未来的30年内，这些新能源不具备成为我国主力能源的条件。所以这个时候，清洁、高效、技术成熟的核电就成了我国电力发展的最佳选择。

早在20世纪50年代，我国的核能事业就已经启动，不过当时的研究主要是在军事方面而并非出于民用发电目的。直到70年代，周恩来总理首先提出要将核电用于民用，建商用核电站。此后不久，我国第一个商用核电站秦山核电站开始组建，并于1991年12月15日并网发电，标志着我国内地无核电历史的结束。

在中国核电事业发展的40多年中，最具标志性的事情几乎都是在广东核电集团（以下简称广核集团）的参与下完成。广核集团坐落在广东省深圳市龙岗区的大亚湾核电基地，是我国目前在运行核电装机容量最大的核电基地，拥有大亚湾核电站、岭澳核电站一期二期两座核电站共6台百万千瓦级压水堆核电机组，年发电能力近450亿千瓦时。其中，大亚湾核电站所生产的电力70%输往香港，约占香港社会用电总量的四分之一，30%输往南方电网；岭澳核电站一期二期所生产的电力全部输往南方电网。而投资达700亿，目前正在兴建的阳江核电站是广核集团所承办的又一大规模核电工程。

打造广东第一核电大省

阳江核电站位于广东省阳江市东平镇沙环，这里距离广州约250千米，距离大亚湾核电基地约400千米，是广核集团在广东地区的第二核电基地。

其实，阳江核电站的前期工程工作早在1988年就已开始了。但由于缺乏支持，一直处于搁浅状态。直到2004年国家确定了“积极推进核电建设”方针后，阳江核电站才被国家批准建设。现在，阳江核电站的前期项目工程正在如火如荼地进行着。阳江核电站水库已经开工。进场道路、进水库道路已经实现通车。电信公司也已开始铺设电缆。阳江电力部门已开工铺设了临时用电设施。可以说从当初规划立项，至预计的2017年核电站投入运营，阳江核电站建设将历时近30年。

阳江核电站是我国目前批准开工建设的容量最大的核电项目。在技术上，它采用了广核集团自主研发的CPR1000技术（改进型压水堆核电技术），计划建设6台百万千瓦级压水堆核电机组。

6台百万千瓦级核电机组预计进程是：1、2号机组有效建造工期为56个月，3到6号机组有效建造工期为54个月。第一台机组计划在2013年之后投入商业运行，2017年的时候预计6台机组会全部完工，到时候预计电站每年发电量为450亿千瓦时，综合国产化率可达到83%。

反应堆数量是一个核电站的发电能力最为直接的体现。阳江核电站，作为广东核电投资的第三个独立商用核电站，其6台百万千瓦级机组加上大亚湾与岭澳核电站原先的4个核反应堆，以及计划再建的两个反应堆一共有12个核反应堆。这12个核反应堆将使广东地区的核发电量达到1800万千瓦，即相当于三峡水电站一年的发电量，堪称中国第一核电大省。

溪洛渡水电站

我国地形西高东低，西南地区地跨青藏高原、云贵高原和四川盆地，为长江、雅鲁藏布江、澜沧江、怒江等亚洲主要河流的发源地，海拔高度相差悬殊，使得西南地区水能资源十分丰富。为了合理开发西部水能资源，国家在1996年启动了“西电东送”项目工程。目的在于开发贵州、云南、广西、四川等省份的水电资源，将其输送到电力紧缺的广东、上海、浙江等东部地区。而溪洛渡水电站即是“西电东送”工程中最重要的骨干工程之一。

双向多赢的“西电东送”

我国西南地区水资源十分丰富，大约占了全国水资源总量的68%。但就目前来说，已经开发的却不到8%。相比较而言，东部地区则是我国经济发达的地区，人口多，而能源资源却相对匮乏。一直以来，东部地区的电力都是以火电发电为主，因为使用大量的煤炭发电，造成部分地区大气和环境污染十分严重。如果再建设大量的火电站，那么环境就将遭受毁灭性的破坏。牺牲环境换发展的发展方式，是行不通的。

“西电东送”的构想是在1986年提出来的，到了1996年才得以付诸实施，前后酝酿长达10年。这是一次对全国电力资源进行的优化配置。“西电东送”分北、中、南3条通道：北部通道是将黄河上游的水电和山西、内蒙古的坑口火电送往京津唐地区；中部通道是将三峡和金沙江干支流水电送往华东地区；南部通道是将贵州、广西、云南三省区交界处的南盘江、北盘江、红水河的水电资源以及云南、贵州两省的火电资源开发出来送往广东、海南等地。

开发西南水电实施“西电东送”，是一个双向的多赢决策。对于东部来说，“西电东送”送来了大量低廉的电力，降低了工业生产和生活成本，而且有利于改善东部地区的生态环境。对于西南地区来说，修建水电站能够促进当地经济的发展。而且水电站大多位于长江、珠江干支流上，水电站工程不仅具有发电的功能，还兼有防洪、供水、灌溉、航运等综合效益，开发西南水电还可以促进江河治理。

实施“西电东送”是我国资源分布与生产力布局的客观要求，也是变西部地区资源优势为经济优势，促进东西部地区经济共同发展的重要措施。以南线为例，根据数据显示，南方电网公司从2002年底成立以来，其经营范围内的广东、广西、云南、贵州和海南五省区全社会用电量年均增长了11个以上的百分点。2003年至2009年，南方电网“西电东送”电量创造的产值合计4.7万亿元，年均增长三成。广东作为一个经济大省和用能大省，是“西电东送”的最大受益者。近几年西电送广东年电量由10年前的73亿千瓦时增长到1000亿以上千瓦时，占广东全社会用电量的比例由5.5%提高到28.9%。特别每年夏天，广东每天使用的电力里面，有30%是来自于西部的。这对广东经济的持续发展带来了巨大的影响。

中国第二大水电站

2005年12月26日备受关注的溪洛渡水电站工程正式开工，这是我国“十五”期间开工的最后一项超级水电工程，是国家“西电东送”战略的标志性工程，同时也是金沙江下游梯级电站的第一个开工建设项目。溪洛渡水电站项目工程启动，标志着金沙江干流水电梯级开发迈出了实质性步伐。

金沙江是长江上游的河段，全长3364千米，流域面积47.32万平方千米。金沙江水力资源丰富，蕴藏量达1.124亿千瓦，占全国水能总量的1/6，可开发的水能资源达8891万千瓦，是我国规划的具有重要战略地位的最大的水电基地，位居国家规划的十二大能源基地之首。为了加快金沙江水电资源开发步伐，国家授权中国三峡总公司开发长江金沙江下游河段的乌东德、白鹤滩、溪洛渡和向家坝 4 座电站。

溪洛渡水电站位于青藏高原、云贵高原向四川盆地的过渡带，地处四川省雷波县与云南永善县接壤的溪洛渡峡谷段，装机容量与世界第二大水电站伊泰普水电站相当，总装机容量为1260万千瓦，年发电量位居世界第三，达到571.2亿千瓦时，相当于三个半葛洲坝，是中国第二大水电站（中国第一大水电站是三峡水电站，总装机容量为2250万千瓦）。电站在2007年11月截流成功，预计将于2013年6月首批机组发电，2015年全部竣工。

溪洛渡水电站有一个特殊的地方，即它是不完全年调节（水库能拦蓄年度全部来水量的年调节称为完全年调节，而仅能调节部分多余水量的径流调节称为不完全年调节）。因此，上游梯级电站建成后，保证出力可达665.7万千瓦，溪洛渡水电站年发电量640亿千瓦时。同时，该电站建成后，可增加下游三峡、葛洲坝电站的保证出力37.92万千瓦，增加枯水期电量18.8亿千瓦时。

不仅仅是发电站

溪洛渡电站作为国家“西电东送”战略的骨干电源，却不仅仅是一个发电站那么简单。事实上，它对实现我国能源合理配置、改善电源、改善生态环境都具有重要作用。溪洛渡水电站以发电为主，同时还兼有防洪、拦沙、改善下游航运条件、环境保护等方面的巨大综合效益。

拦沙效益：金沙江中游是长江主要产沙区之一，溪洛渡坝年平均含沙量为1.72千克每立方米，约占三峡入库沙量的47%。经计算分析，如果让溪洛渡水库单独运行60年，三峡库区入库沙量将比天然状态减少34.1%以上，中数粒径细化约40%。这对促进三峡工程效益发挥和减轻重庆港的淤积有重要作用。

防洪效益：溪洛渡水库防洪库容为46.5亿立方米，利用水库调洪再配合其他措施，可使川江沿岸的宜宾、泸州、重庆等城市的防洪标准从20年一遇过渡到符合城市防洪规划标准。溪洛渡水库汛期拦蓄金沙江洪水，直接减少了进入三峡水库的洪量，再配合三峡水库运行可使长江中下游防洪标准进一步提高。如果长江中下游遭遇百年一遇洪水，那么通过溪洛渡水库与三峡水库联合调度，可减少长江中下游的分洪量约27.4亿立方米。

改善下游枯水期通航条件：溪洛渡水库建成后，由于水库的水量调节和拦沙作用，枯水期流量将大为增加。经计算，可使新市镇至宜宾河段枯水期流量较天然情况增加约500立方米/秒。

环境保护：水电是清洁、可再生能源。溪洛渡水电站大量的优质电能代替火电后，每年可减少燃煤4100万吨，减少二氧化碳排放量约1.5亿吨，减少二氧化氮排放量近48万吨，减少二氧化硫排放量近85万吨。而且，库区生态环境和水土保持措施的落实，将有助于提高区域整体环境水平。

此外，随着溪洛渡水电站的建设，库区对外、对内水陆交通条件的改善，移民及工程开发建设资金的投入，对库区各县的基础设施建设、资源开发利用、优化产业结构、发展经济都将起到积极的推动作用。

广西钦州千万吨级炼油项目

我国是一个石油消耗大国。据统计，我国石油消费量自2002年开始超过了日本，成为仅次于美国的世界第二大石油消费国。按照现在我国发展的规模和速度，可以预见未来我国的石油消费仍将继续保持较快的增长。事实上，近几年我国炼油行业规模正在不断扩大，预计到了2020年，我国将建成21个大炼油项目，加工能力超过2.4亿吨……

西南地区首个千万吨级炼油项目

2010年9月8日，我国西南地区首个千万吨级炼油项目在广西钦州宣告竣工。细数我国沿海石化产业布局，从环渤海湾由北向南，经过长三角、海峡西岸、珠三角，一路都布满了炼油项目。唯独我国西南地区，一直没有大型炼油厂，滇黔桂地区的用油需求大都从四川、广东甚至西北等地输入，但受地理条件等因素限制，滇黔桂地区产品油供应始终不足，处于偏紧状态。这严重制约了该地区的社会经济发展。广西钦州千万吨级炼油项目的投产优化配置了我国石油原油资源，全面改变了我国大西南地区成品油短缺的局面。

钦州千万吨级炼油项目位于钦州港经济开发区工业园内。项目在2006年底启动，总投资超过150亿元，占地3100多亩。该项目每年可加工原油1000万吨，生产成品油800多万吨，加上聚丙烯、芳烃等石化产品的生产，形成了400多亿元的工业产值。它每年可向西南地区供应830万吨汽油、柴油、航空煤油、液化石油气等燃料，以及90万吨聚丙烯、甲苯、混合二甲苯等石化产品。

作为西南首个千万吨级炼油项目，钦州炼油项目在投产后很快便实现了盈利。项目投产的前三季度，就已经累计加工原油713万吨，实现工业产值412.76亿元，缴纳税款63.22亿元，成为目前国内产出投入比最高的炼油项目，进入了广西纳税百强和增量十强排行榜。

全方位准备，确保世界一流

钦州千万吨级炼油项目由中国石油广西石化分公司承建，广西石化建设之初将其定位为“大规模、短流程、燃料型”炼油厂。项目是一次规划，分两期建设。项目建成后广西钦州乃至整个西南地区将从成品油紧缺地转变为成品油输出地，广西石化将成为领航北部湾地区经济腾飞的新引擎。

为确保项目投产一次性成功，项目在各个方面都做了充足的准备。在人力资源上，中国石油集团充分发挥整体资源优势，从系统内炼化企业抽调精兵强将，将广西石化人员、检维修保运人员、开工队人员、保安人员及外来技术支持人员融合在一起，组成“开工联合管理团队”，顺利组织了项目投产。

在机器装备上，世界一流的制造装备和技术水平，为企业的产品品质提供了强大的技术支撑。炼厂投产1年后，生产的油品全部达到欧三标准，70%达到欧四标准。航煤、BOPP、芳烃等高效产品回收率显著提升，产品结构得到了全面升级优化。二期工程完成后，广西石化公司能够加工高硫、高酸等各种劣质原油，生产的油品质量将全部达到欧四标准。

在环保建设上，炼油基地投入了10亿多元，强化环保建设。经过先进的处理，项目污水的排放全部达到国家一级标准。厂区的绿化建设上，更是投资4500多万元。如今，炼油厂的安全环保管理已经实现了“零事故、零伤害、零污染”目标。

形成石化产业一条链

依托广西石化千万吨炼厂产业，钦州逐步形成了一条石化产业链。

在钦州千万吨级炼油项目完成后，西南地区又相继建成钦州至南宁的成品油管线及10万吨的原油专用泊位，三墩大型石油减载平台，30万吨级航道、泊位，每年的码头货物吞吐量达到1500万吨；规划总库容2000万立方米、投资达200多亿元的中国石油原油商业仓储项目也进入钦州布点，其一期工程规划的库容420万立方米的42台原油储罐已正式投运。现在，钦州已成为华南、西南地区优化石化能源配置的重要节点。

此外，钦州还规划发展炼油副产品衍生的下游产业链。重点发展大型乙烯及深加工、芳烃及深加工、煤盐磷化工、碳四深加工和生物化工等五大系列。目前，钦州正在推进中亚石化科技有限公司精细化工项目、钦州凯禹源新能源有限公司100万吨/年油页岩低温催化制油气项目、钦州中海洋沥青科技有限公司300万吨/年改性沥青项目等重大项目建设。现在，钦州石化产业园区已引进项目共16个，单体项目投资额近30亿元。在钦州港经济技术开发区，一个面积达35.8平方千米的钦州临港石化产业集群已逐步形成。

钦州千万吨级炼油项目的竣工投产进一步完善了中国西南临海工业发展战略，并推动中国与东盟深化合作。有了千万吨炼油项目做依托，广西展开了加强与东盟开放合作的行动计划，积极打造面向东盟的原油进口基地。同时，将利用东盟木材资源丰富的优势，大力发展木材加工业，带动相关展销、物流、仓储、出口等业务的发展，形成完整的产业链，建设成为东盟木材进口加工基地。毫无疑问，钦州石化产业园区已经成为我国华南、西南交汇点上重要的临海石油化工基地，成为连通东盟地区的石油物流交易中心。

普光特大气田

在我国，探明储量在50亿立方米以上的较大气田中，四川盆地占了相当大的一部分。而在四川气田中，川东气田的天然气储量又是最大的，是我国最大的天然气田。川东气田的勘探开发，对我国能源建设有重要意义，其中川东普光气田就被列为国家“十一五”能源重点建设项目。

惊天大发现

2006年4月3日，中石化对外宣布，在我国四川达州宣汉县境内发现了迄今为止中国规模最大、丰度最高的特大型整装海相气田——普光气田。同时，这也是中国目前发现的最大的五个2000亿立方米以上的大气田之一。经国土资源部矿产资源储量评审中心审定，普光气田累计探明可采储量为2510.75亿立方米，技术可采储量为1883.04亿立方米。在我国所有气田中排行第二（我国第一大气田是内蒙古的苏里格气田）。

气田是天然气田的简称，也就是富含天然气的地域。通常，当有机物埋藏在1至6千米深、温度在65至150摄氏度的时候，会产生石油。而埋藏更深、温度更高的时候就会产生天然气。

目前，世界上90%的油气储量都存在于海相地层里。所谓海相地层是相对于陆相地层而言的地层结构。在地质构造过程中，由海洋环境沉积下来的地层，叫做海相地层；而湖泊、河流、沼泽等陆地环境沉积下来的地层，叫做陆相地层。由于受到技术的制约，以前，在我国找到的大型油田都位于陆相地层中的。而我国有450万平方千米的海相地层，理论上油气资源是比较丰富的。为此，从20世纪50年代开始，中国科研人员就开始了在海相地层找油的努力。历经了半个多世纪，在中石化、中国石油大学等单位的联手努力下，普光气田这一沉睡在川东地底下的巨大气田终于被发现了，这也意味着中国在海相地层寻觅气田的难题终于获得攻破。

四川盆地在几十亿年前曾是一片浩瀚的海洋，后来因为地质结构变化，海底陆地隆起，大量的石油天然气资源也就随之被带出，所以四川盆地又有“海相油气田”之称，是世界上探明储量在1000亿立方米以上的特大型气田之一。从2001年起，中石化开始在四川宣汉县普光镇一带进行天然气勘探。2002年末在该地区获得发现后，中石化加大了勘探投入力度。目前，中石化在四川盆地及其周缘共有勘探区块12个，勘探面积10万平方千米。

川东普光气田以及周边油气资源的发现，使川东海相天然气逐步走到了中石化资源战略的前头，也使政府对南方海相油气寄予了更殷切的期望。

先进的开发技术

普光油田项目计划总投资627亿元，部署开发井79口，井场16座，年产原料气150亿方，稳产20年以上。

项目所建的普光净化厂是全亚洲最大的天然气净化厂和硫黄生产基地。工厂建成后，将形成150亿方/年的处理能力，建设每系列处理能力为300万方/日，天然气生产装置共16个系列及配套工程，年产净化气120亿方，生产硫黄300万吨。

项目的地面集输工程，投资约105亿元。工程包括18座站场，其中集气站16座、集气末站1座、污水站1座。酸气集输管道共长约37千米，穿越5个隧道，有2道后河悬索跨越。同沟敷设的燃料气返输管道共长约30千米。集气管道上共设置29座线路截断阀室（包括43台阀门），用于集气线路的安全截断。

在集输工艺上，项目采用全湿气、加热节流、保温混输工艺。井口天然气先进入集气站，经加热、节流、计量后外输，采用“加热保温+注缓蚀剂”工艺经集气支线进入集气干线，然后输送至集气末站分水，生产的污水输送至污水站处理后回注地层，水蒸气饱和酸气送至净化厂净化。

由于普光气田的天然气含硫量比价高，所以外输管道的抗腐性能对于气田的安全运行来说是至关重要的。为此普光气田建立了一套完整的腐蚀检测系统。在集输管道上采用腐蚀挂片、电阻探针、线性极化探针、电指纹等方法进行实时在线腐蚀监测。腐蚀监测系统测得的数据通过网络传至站控室或中控室，便于技术人员及时分析处理数据，及时调整缓蚀剂的加注量及批处理频次等。同时厂里还会定期对集输管线进行管道清管和批处理，避免了腐蚀介质与管壁的直接接触，有效控制了酸气对管道的腐蚀，保障了集输管道的安全运行。

对气藏实施动态管理是保证气田平稳生产的关键。为了分析气藏动态，普光净化厂建立了厂、区（站）、管理组“三位一体”的开发管理工作体系；强化动态监测，取齐、取全、取准各项资料，加强气样、液样取样分析化验工作，为气藏开发方案的制订提供翔实依据；坚持定期召开动态分析会制度，从地层到井筒，从井筒到地面进行全面系统分析。先进的生产开发技术为制订切实可行的气井生产制度奠定了坚实的基础。

川气东送

普光气田所生产的天然气主要是送往东部上海，是“川气东送”的主要气源。普光气田的外输管道是继“西气东输”管线之后又一条贯穿我国东西部的管道大动脉。管道工程西起川东北普光首站，东至上海末站，管道工程包括一条干线、四条支线和一条专线，涉及四川、重庆、湖北、安徽、浙江和上海四省二市，全长1702千米，主干线设计年输量120亿方，输气压力10兆帕，管径为1016兆帕。另有达州天然气专线线路全长81千米，管径为508兆帕，压力8兆帕，专门为达州化工园区供气。

上海作为“用气大户”，普光气田的开发对上海来说可是意义非凡。目前，上海所用天然气气源主要是来自陕西靖边和新疆轮南的“西气”和产自东海的“东海气”。在2004年“西气东输”刚刚开始的时候，上海天然气需求总量仅为4亿立方米左右，到了2008年则上升到了22亿立方米，而实际需求量则要超过了28亿立方米，缺口很大。如果能让“川气”也通往上海，那么就能帮助上海进一步缓解电力供需的矛盾。现在，上海市政大厦、上海图书馆、上海博物馆等标志性建筑都在使用燃气空调。如果增加了“川气”供应，会有更多的商务楼、开发区用上燃气发电、制冷、制热的供能系统。

因此加快普光气田开发和川气东送天然气管道工程建设，对于缓解我国天然气供求矛盾，完善天然气管道布局，具有十分重要的意义。2008年，普光气田实现了每年商业供气量40亿立方米，2010年实现商业供气量80亿立方米。2010年8月31日，中石化宣布，总投资626.76亿元的“川气东送”工程即日起正式运营。此后普光气田每年会向东部地区输送120亿立方米净化气，其中四川20亿立方米、重庆20亿立方米、江苏23.5亿立方米、上海19亿立方米、浙江18.5亿立方米、湖北8亿立方米、安徽8亿立方米、江西3亿立方米。普光气田为东部地区经济发展做出了巨大贡献。

安徽两淮亿吨级煤炭基地

煤炭是我国的基础能源，占一次能源消费的70%左右。2004年，国家正式启动了大型煤炭基地建设工作，提出要加快神东、晋北、晋中、晋东、陕北、冀中、河南、鲁西、两淮、蒙东、云贵、黄陇和宁东13个大型煤炭基地建设，尽快形成若干个亿吨级煤炭骨干企业。两淮国家级亿吨煤炭基地即是该工作的主要工程之一，其建成使华东新增920万吨的原煤开采能力，成为华东地区最大的“工业能源粮仓”。

华东地区最大的“工业能源粮仓”

2008年12月5日，国家发展改革委、国家能源局在安徽淮南举行两淮亿吨级大型煤炭基地竣工投产仪式。这是国家规划建设的13个大型煤炭基地中首个正式建成投产的基地。两淮大型煤电基地建成投产后，对促进皖北地区经济发展，缓解上海、浙江等地区高速增长的能源需求，保障区域能源安全，都具有十分重要的意义。

两淮煤炭基地主要包括了淮南、淮北两个矿区。淮南是一个不折不扣的“煤的世界”，其远景储量达444亿吨，探明储量153亿吨。目前，该地区煤炭年产量将达1亿吨，同时形成了1000万千瓦的火电装机容量。估计到2020年，煤炭年产量将达1.5亿吨，火电装机容量将超过三峡电站的1800万千瓦，达2000万千瓦。淮北矿区面积约9600平方千米，含煤面积约4100平方千米，探明储量98亿吨，现有生产矿井23处，总设计能力为1932万吨/年。

两淮地区不仅仅是国家级的亿吨级煤炭供应基地，对于安徽地区来说，两淮地区煤炭资源的开发利用还有更多更深的含义。根据规划要求，淮南、淮北煤炭基地将建设成煤化工基地、煤炭调出基地、电力供应基地和资源综合利用基地。目前淮南与上海合作的煤电一体化田集电厂建设正在进行；与德国鲁尔工业区合作的煤化工项目进展顺利；20平方千米的“煤化工城”项目建设按照煤化工规划发展，将来，淮南将形成煤炭开采量、生产量1.2亿吨的规模，总装机容量达到1000万千瓦，并形成多个百万吨级的大型煤化工基地。这些项目建成后，两淮地区将一跃成为华东地区最大的能源供应基地。

新型工业化采煤

传统煤炭产业与污染仿佛是一对孪生兄弟。发展煤炭必然导致大量的污染，似乎已经成为人们的一贯思维。而在应对发展煤炭产业和保护环境这个问题上，两淮煤矿是这样做的。它积极引进澳大利亚、美国、德国等外国先进技术和管理经验，帮助两淮煤矿产业成功走上新型工业化道路。

不过向现代化煤矿企业转型的道路，并不是一帆风顺的。比如在淮南刘庄煤矿，矿井700米下的温度控制一度成为煤矿挖掘的技术瓶颈。项目则因此特地从南非邀请专家解决问题，在南非专家的帮助下，矿区研发了低温水制冷装置，每小时向井下输送300立方米3摄氏度的冷冻水，成功攻克此难题。为了减少煤矿产业事故，保证职工生命安全，淮北矿区吸取了美国杜邦公司的安全管理理念，严格规划和控制进入井下作业的流程，如安全宣传布满通往井口的近100米走廊，在配电装置周围画满经纬交错的黄线警示，保证矿区的安全生产。

项目中的顾桥、刘庄、涡北3个煤矿设计能力分别为年产原煤500万吨、300万吨和120万吨，生产能力总计达920万吨。三大矿井建设过程中，成功地应用了自主研发的深井地压治理技术、瓦斯综合治理与利用技术等多项先进技术，做到了装备现代化、系统自动化、管理信息化，充分体现了发展先进生产力、保护生命、保护资源、保护环境的标准和要求，代表着我国煤矿建设的先进水平。

在环境保护上，受益于外国专家的先进思路，两淮三大煤矿一改“笨、大、黑、粗”的产业传统形象，特别注重矿区的容貌建设，使矿区之上风景宜人、湖光潋滟。综合种种看来，两淮煤矿已经向清洁、安全、高效的发展之路迈进。

顾桥示范矿井

在两淮煤炭基地的批复中国家发改委做了如下要求：新建矿井必须按照现代化矿井的建设要求，配备完整的瓦斯监控系统和安全保障措施，进一步提高机械化开采水平。顾桥矿是其中积极响应国家号召的典型代表。

淮南矿业的顾桥矿是两淮亿吨级大型煤电基地的新建主力矿井。2004年开工建设，2007年4月建成投产。该矿设计产能为500万吨，矿井管理和系统监测达到国内领先、国际一流水平。矿井的主要生产系统，主井、副井、变电所、供风系统等都是无人值守。该矿按照循环经济要求设计施工，矿井瓦斯利用、废水利用、煤矸石利用与矿井建设同步规划、同步设计、同步施工、同步运营。顾桥矿在建设过程中充分体现了“一先进三保护”的理念，即发展先进生产力、保护生命、保护资源、保护环境。顾桥矿建设坚持高标准，建井过程实现了“零死亡”。矿井各项设施完善，功能齐全。

高度自动化生产将工人们从繁重的体力劳动中解放出来，是顾桥矿的基本目标。为了实现这个目标，顾桥矿在整个建设过程中，全部按照国际水准的自动化要求进行装备。用数字化、信息化装备指挥生产、支配劳动，既能稳定矿井产量，又能实现安全生产。顾桥矿对瓦斯进行综合治理和加工利用，生产出新型生活能源，变废为宝，服务生活。

顾桥矿充分应用淮南矿业集团多年来通过自主创新逐步成熟的深厚表土层快速建井技术、瓦斯综合治理与利用技术、深井地压治理技术和深井地温治理等技术，被国家发改委列为高瓦斯、高地压、高地温复杂地质条件下瓦斯综合治理与利用示范矿井。

长兴岛造船基地

一个国家的整体工业水平如何，看这个国家的船舶工业如何即可，因为船舶工业是关系到国防安全及国民经济发展的战略性产业。近几年我国造船工业高速发展，正是源于我国经济起飞对船舶运输的需求。我国是世界最大的铁矿石进口国，对铁矿石等原料的巨大需求，导致散装货船供不应求；中国是世界第二大原油进口国，为此我国大型油轮船队的规模至少要保证能承运50%以上进口石油，以保障能源安全，仅此就需要新建几十艘超大型油轮。此外，我国是世界第一大贸易国，庞大的货物进出口数量，造成集装箱船需求迅速增长。这些都将成为我国船舶工业崛起的重要推动力。

船舶工业辉煌再现

造船业在我国有着悠久而辉煌的历史，早在夏朝就有“路行乘车，水行乘船，泥行乘橇”的说法。事实上，在近代以前我国的造船技术一直处于世界领先的地位。北宋时期有航走在长江上的航船，最大的可以运载大米万石以上，称为万石船。明朝时郑和下西洋的舰队是当时世界水平最高的远洋舰队，据记载郑和船队共有船只63艘之多，最大的船只长151.18米，宽61.6米，船有四层，船上9桅可挂12张帆，锚重有几千斤，要动用200人才能启航，一艘船可容纳有千人。英国李约瑟博士曾评价郑和的船队：“明代海军在历史上可能比任何亚洲国家都出色，甚至同时代的任何欧洲国家，以至所有欧洲国家联合起来，可以说都无法与明代海军匹敌。”

但是到了近代，随着西方工业革命的兴起和中国闭关锁国政策，西方的造船技术开始超越东方，中国的船舶制造业逐渐落后于世界。1840年鸦片战争，西方列强用其坚船利炮打开了中国的大门，此时的清政府才慌忙着手建立现代船舶工业。1866年左宗棠在福州创办的福建船政局，是中国近代最早的造船工业。但是在此后近百年时间里，由于战乱硝烟，船舶工业始终难以前行。直到新中国成立后，我国船舶工业才得以重新起步，并形成了完整的船舶工业体系。经过改革开放30年的快速发展，船舶工业已经成为我国的一个支柱产业，中国也重新成为世界船舶工业的一支重要力量。

自1994年以来，我国造船产量曾经连续13年保持在世界第三位。根据中国船舶工业行业协会的数据显示：2008年中国造船工业总计完成2881万载重吨的造船任务，同比增长52.2%，新承接船舶订单5818万载重吨，手持船舶订单2.05亿载重吨，上述三大指标分别占世界市场份额29.5%、37.7%和35.5%。这些数据表明中国已经成为仅次于韩国和日本的世界第三造船大国。

为实现我国船舶工业跨越式发展，2006年8月，国务院常务会议审议通过的《船舶工业中长期发展规划》提出，我国将重点建设环渤海湾、长江口、珠江口三大造船基地，将原本位于内河沿岸的修造船企业迁移至沿海深水岸线，扩大船舶企业生产能力，形成具备整体竞争实力的产业集群。按照这个规划，国家发改委先后批复了上海长兴岛造船基地、青岛海西湾造修船基地、广州龙穴造修船基地的项目可行性报告。其中，上海长兴岛造船基地是规模最大的工程。

打造世界最大造船基地

上海长兴岛位于长江入海口处，三面临江，一面临海，归崇明县管辖，与浦东国际机场隔江相望。全岛呈长条形，东西长24千米，南北宽3～4千米，陆域总面积87.85平方千米。此外，长兴岛沿岸还具有59千米长，终年不淤、不积、不冻的深水岸线，是一块天然的造船宝地。

2002年，上海市申办2010年世界博览会成功后，由于地处黄浦江沿岸的上海江南造船公司厂区正好处于世界博览会址的核心区域，占了世界博览会园区规划总面积的14.45%。经协商，中国船舶工业集团与上海市政府达成协议，将上海江南造船厂从黄浦江边整体搬迁至长兴岛。这样一来可以为2010年上海世博会园区建设腾出空间，同时新建的船厂也能够利用长兴岛的深水海岸建造大型舰船，为自身的发展谋求更多的空间。

江南造船厂的前身是创办于1865年的江南机器制造总局，是中国近代民族工业的发源地。100多年来，江南制造总局曾为我国制造出多个“中国第一”：第一支步枪、第一门钢炮、第一台万吨水压机、第一代航天测量船等，被誉为“中国第一厂”。但由于黄浦江水深有限，江上又有两座大桥阻挡，因此江南造船厂只能承建10万吨以下的船舶。此次搬迁对江南造船公司来说，是一次契机。

根据2003年8月初，中国船舶工业集团与上海市政府就上海地区船厂布局调整的有关问题签署了合作备忘录，长兴岛将安排8千米海岸线，10平方千米地面用于江南造船厂的这次调整搬迁。工程总投资350亿元，工程期限从2003年到2020年。

2003年11月18日，世界最大的造船基地——中船长兴岛基地的前期工程开始启动。江南长兴造船基地共规划建设7座特大型干船坞，一期工程建设4座：一号船坞长520米、宽76米；二号船坞长510米、宽106米；三号船坞长达580米、宽120米；四号船坞长365米、宽82米、深14.1米，是目前我国软土地基上最深的船坞。4座特大型船坞都堪称“巨无霸”，面积大约相当于10个标准足球场大小。其中一号船坞用于建造30万载重吨以上的超大型油轮，年生产能力4艘；二号船坞用于生产17.5万吨的散货船，年生产能力12艘；三号船坞用于建造7000标准箱的大型集装箱船，年生产能力10艘；四号船坞用于建造大型液化天然气船。到2015年二期工程完成后，造船基地将拥有7个大船坞。届时，长兴岛也将成为世界最大造船基地。

整个长兴岛基地共配置了7台600吨以上的龙门吊，9座舾装码头和2座材料码头，总长近3千米，水深12～16米。目前能建造这样高端产品的船厂还为数不多。计划到2015年船厂能实现造船能力800万吨。届时，上海造船能力将由目前的400多万吨提高到1200万吨以上。未来，液化天然气船、30万吨级油轮、8000箱以上集装箱船等都将在这里诞生。

有了完善的设施还需要先进的生产组织管理方式。长兴岛基地共有3条生产线，其中1、2号线为民品生产线，3号线为军品生产线。超大型船坞采用并列半串联制造法，大大提高了船坞利用率。每条生产线呈“U”字型布局，确保从材料码头进料，到加工车间切割加工、分段厂制造、涂装厂涂装、总装、船坞搭载，最后到码头舾装，依次向前推进，不走回头路。经过这样一条流程，材料从码头运到基地，到最后下线已经变成一艘艘万吨巨轮了。

在对民品4个船坞的规划中，江南造船厂还充分考虑了生产替代品的能力——二号船坞可建造阿芙拉型邮轮；三号船坞可制造大型海洋平台，如海上石油钻井平台；四号船坞可建造超大型豪华邮轮。新基地还将建1座占地1000平方米的含油废水处理站，其处理能力将达到每天30吨，废乳化液设计处理每天3吨。在噪声及振动控制方面，将在噪声较大的空压站房内设立吸声结构，安装消声器，最大限度地减少对岛上环境的影响，为“绿色造船”打下基础。

其他配套项目

江南造船厂并不是长兴岛上唯一的企业，其他大型的配套企业还有中海长兴、振华港机、上海港机等等。

中海长兴国际船务工程有限公司是一家大型现代修船合资企业。中海长兴占岸线总长3.5千米，水深10～16米，具备承接350米以下的油轮、货轮、集装箱轮和大型海洋平台的坞修、厂修和改装的条件，对于载重在25万吨以上的巨型船舶将作靠泊修理。中海长兴目前已建成长450米、宽130米的干船坞1座，10万吨级的泊位7个、30万吨级的泊位6个，可容340米长的超级油轮原地掉头转向，地理位置十分优越。此外，中海长兴同时拥有8万吨的“中海普陀山”浮船坞、20万吨的“中海九华山”浮船坞和30万吨“中海峨眉山”浮船坞。

除了修造船工业外，长兴岛还将建成全国乃至世界最大的海洋装备产业岛。目前长兴岛已有振华港机、上海港机等海洋装备机械和大型船舶建造公司在这里陆续安家。上海振华港机集团成立于1992年，有3万名员工，是全球最大的港口集装箱起重机械制造商，在全球岸桥市场占有率超过70%。每年有来自世界各地的订单超过30亿美元。目前集团拥有六大生产基地，其中长兴岛基地是世界规模最大、技术工艺流程最先进的港机生产基地。它在长兴岛拥有岸线3.5千米，方便起吊和运输；采用的钢板预处理流水线、等离子水下数控切割等电子控制系统和先进的工艺流程，能够使港机的生产周期缩短1/3。2001年底总投资10亿元的一期工程开始建设，占地面积100万平方米，厂房面积24万平方米，于2002年底建成，目前岸桥产能已达100台/年，并能制造20万吨的钢构件，但仍然无法跟上全球订单的需求，为此集团仍在进行二、三期建设，使岸桥产能扩大到150台/年，场桥由目前的150台/年扩大到200台/年，配件和运输能力同步扩大，每年可新增销售额120亿元以上。

与振华港机同为中国交通建设集团旗下的上海港机，是我国港口机械行业的“龙头老大”。公司主要产品包括集装箱起重机、门座式起重机、散货装船机、散货卸船机、浮式起重机及重型桥式、龙门式起重机等六大系列港口起重运输机械产品；同时生产大型桥梁、建筑钢结构、隧道盾构、脱硫装置及轨道交通等重型机械。

上海洋山深水港

20世纪90年代，上海港口贸易量迅速发展，黄浦江内码头岸线全部用完，再加上没有深水泊位，长江口进港航道水深太浅，远不能适应集装箱船舶大型化发展的要求。作为一个海港城市，上海迫切需要跳出黄浦江，越过长江，到大海建深水港。

上海，因港而兴

大型港口是推动一个地区经济发展的重要因素。这一点从近代世界那些大国的崛起史就可以发现。在荷兰、英国、美国等国的崛起中，优良的海港是功不可没的。18世纪以来，世界经济增长重心先后从欧洲、美洲转移到了东亚，世界航运的重心也随之发生了从西欧到北美，再到东亚的转移。近年来中国经济崛起，使这一趋势愈加明显了。从2008年的世界十大港口排名榜上看，中国独占其六，分别是上海、香港、深圳、广州、宁波-舟山、青岛六港。其中上海港以5.8亿吨的货物吞吐量，连续4年位居世界第一位。

现在的上海是我国的经济中心和最大的贸易港口，而早在唐宋时期，上海就已经是一个比较繁荣的对外贸易口岸了。上海建镇于南宋咸淳年间（1265—1274年），因黄浦江西的上海浦而得名。元明清期间，港口又继续得到发展。康熙二十四年（1685年），清政府在上海设立海关，上海成为中国历史上第一批海关之一。鸦片战争后，上海成为中国最大的对外通商口岸。到第一次世界大战前后，上海港已建有万吨级钢筋混凝土码头，部分码头和仓库已安装起重机械。1931年上海港口货物吞吐量达1398万吨，进出口船舶吨位名列世界第七位。抗日战争暴发后，上海港逐步衰落，设施遭到严重破坏，至1949年港口货物吞吐量仅剩194万吨。

新中国成立后，上海港逐步得到恢复。1984年上海港货物吞吐量首次突破1亿吨，从而进入世界10个亿吨大港行列。2000年，上海港货物吞吐量跃上2亿吨台阶，此后呈现爆发性增长；2003年突破3亿吨；2004年上海港货物吞吐量完成3.79亿吨，首次超过荷兰鹿特丹港，成为世界第二大货运港口；2005年吞吐量达4.43亿吨，跃居世界第一大货运港；2006年首次突破5亿吨，达5.374亿吨，占全国港口总吞吐量的12%。

在反映区域贸易能力的集装箱吞吐量方面，上海在1984年集装箱吞吐量首次突破10万箱；1994年突破100万箱；2003年突破1000万标准箱，跃居世界第三位；2006年首次突破2000万标准箱；2007年，上海港集装箱吞吐量突破2600万标准箱，超过香港跃居全球第二，与新加坡港的差距仅有200万标准箱。

上海因港而建，因港而兴，但也长期受到长江口水浅的困扰。从当前国际港口情况看，深水港已发展到装卸第四、第五代乃至第六代集装箱，其航道水深在-14米以下，而上海黄浦江的航道水深是-10米左右，进入上海的咽喉长江口则更是只有-7.5米，长远来看难以敷用。种种迹象表明上海必须突围，必须建造深水外港。

打造世界第一大港

1992年上海市将深水港建设列为上海新一轮城市基础设施建设十大工程之首。1996年5月专家组正式开展洋山深水港区选址论证，到2002年6月开工建设，历时6年多。共有国内外近200家专业研究机构和高等院校6000多人次的科研人员参与了新港址论证和项目前期工作，完成专题研究200多项，最终达成建港的共识。

洋山深水港位于浙江嵊泗崎岖列岛以北，距上海市南汇芦潮港东南约30千米的大海里，由大、小洋山等十几个岛屿组成，平均水深15米，是距上海最近的天然深水港址。港口北距长江口72千米，南距宁波北仑港90千米，向东经黄泽洋水道直通外海，距国际航线仅45海里，扼守亚洲—美洲、亚洲—欧洲两大国际航线要道，是上海港的中转集装箱码头，也是上海打造国际航运中心的核心工程。

大洋山港域可利用的深水岸线长度在10～30千米之间，此处建港几乎不需引桥，一般贴岸水深已在20米以上。此处航道顺直，最浅处为-12米，港区水深在16～40米之间，只要对其10千米左右的一段水深在-12米左右的进港航道稍加疏浚，就可在此建成可泊第四、五代以上集装箱轮的贴岸式泊位50个。另外此处岸线背后陆域平坦，堆场宽阔，另有240万平方米的滩涂可辟建为堆场或加工区。

不过洋山港地处风大流急的杭州湾外口，是强台风经常光顾的区域。在这里建造大型港口，是对人类工程技术能力的巨大挑战。大、小洋山由十几座不相连的小岛组成，工程人员要在平均水深20多米的岛屿之间，用吹沙填海的方式将岛屿间的海域填平，造出长6千米、宽1～1.5千米、总面积8平方千米的平整陆地。这相当于在1000个足球场的面积上，将沙子堆到七层楼的高度，砂石抛填总量超过1亿立方米。为了连接陆地与洋山岛港区，工程还建造了世界第二长跨海大桥——东海大桥。东海大桥耗资105亿元，总长32.5千米，其中跨海部分25千米，按双向6车道高速公路标准设计，桥宽31.5米，可抗12级台风、7级烈度地震。大桥共消耗钢材50万吨，浇筑混凝土150万立方米，足够装满500列火车。所有的这些项目，其规模之宏大，工程之复杂，斥资之巨大，都是世界少有的，可以说建成的上海洋山深水港是当之无愧的世界第一大港。

四区三期大工程

洋山港港区规划总面积超过25平方千米，包括东、西、南、北四个港区，按一次规划，分期实施的原则，自2002年至2020年分三期实施，工程总投资超过700亿元，其中2/3的资金用于填海工程，装卸集装箱的桥吊机械等投资200多亿元。

东港区为能源作业港区，分二期建设。一期工程包括LNG（液化天然气）接收站和海底输气干线，建设规模为每年进口300万吨LNG，每年可向上海市区供应约40亿立方米LNG，使东海港成为国际一流水平的清洁能源供应基地，与西气东输、东海天然气形成多气源供应局面，共同保障上海的能源安全。其中LNG接收站位于洋山深水港区中西门堂岛，主要建设3座16万立方米LNG储罐、3台LNG卸料臂及其他相应的回收、输送、气化设施和公用配套工程，占地39.6公顷，并预留二期扩建场地。LNG专用船码头包括1座8万至20万立方米LNG专用船码头及重件码头配套设施等。用LNG船运来的进口天然气将通过东海大桥预设的40千米长的海底输气管线送到临港新城输气站，进入上海城市天然气高压主干网系统。

东港区计划建成远东最大的成品油中转基地，规划建设1900米长的油品码头作业区。这是一座国家战略储备油库，共分三期建设，一期工程是成品油库和生产生活设施区，2009年3月投入使用，可储成品油42万立方米；远期工程完成后可储存成品油270万立方米，将用中小型油轮转运至上海等地。

南港区以大洋山本岛为中心，西至双连山、大山塘一带，东至马鞍山。是洋山港2020年以后的规划发展预留岸线。

北港区、西港区为集装箱装卸区，是洋山港的核心区域。规划深水岸线10千米，可布置大小泊位30多个，可以装卸世界最大的超巴拿马型集装箱货轮和巨型油轮，全部建成后年吞吐能力可达1300万标准箱以上，约占上海港集装箱总吞吐量的30%，单独计算可跻身世界第五大集装箱港。北港区以小洋山本岛为中心，西至小乌龟岛，东至沈家湾岛，平均水深15米，岸线全长5.6千米，分为三期建设。

北港区一期工程由港区、东海大桥、沪芦高速公路、临港新城等四部分组成。于2002年6月开工，2005年12月竣工，总投资143亿元。共建设5个10万吨级深水泊位，前沿水深15.5米，码头岸线长1600米，可停靠第五、六代集装箱船，同时兼顾8000标准集装箱船舶靠泊，陆域面积为1.53平方千米，堆场87万平方米，年吞吐能力为220万标准箱，由上海国际港务集团独自经营。作为配套工程的东海大桥于2002年6月开工，2005年5月25日实现结构贯通。沪芦高速公路北起A20公路（外环线）环东二大道立交南，至东海大桥登陆点，全长43千米。临港新城规划面积90平方千米，居住人口30万，将建成独具风貌的滨海园林城市。

北港区二期工程东端与一期工期相连，于2005年6月开工，2006年12月竣工，总投资57亿元。共建设4个10万吨级泊位，前沿水深15.5米，码头岸线长1400米，陆域面积为0.8平方千米，吹填砂400万立方米，堆场86.1万平方米，年吞吐能力为210万标准箱。

北港区三期工程分两个阶段建设，一阶段工程2007年12月竣工，二阶段工程2008年12月竣工，总投资170亿元。共建7个10万吨级泊位，前沿水深17.5米，码头岸线长2650米，其最东端可停泊15万吨油轮。陆域面积5.9平方千米，年设计能力为500万标准箱。

三期工程顺利竣工，标志着洋山深水港北港区全面建成。北港区现已建成16个深水集装箱泊位，岸线全长5.6千米，年吞吐能力为930万标准箱，吹填砂石1亿立方米，总面积达到8平方千米。在连成一片的5.6千米的码头上，整齐地排列着60台高达70米的集装箱桥吊，这些庞然大物每天可装卸3万只集装箱。规模如此庞大的港区工程能在短短6年半时间里完工，这在世界港口建设史上是罕见的。

从2009年开始，洋山深水港区建设的重点转移至西港区。西港区紧邻东海大桥，平均水深12米，码头岸线总长4000米，将建设10～12个7万～10万吨级的集装箱专用泊位，陆域面积约2平方千米，年设计能力为700万标准箱。该港区是一个江海联运的集散中心，重庆、武汉、南京等沿江内陆港口的中小型船舶将由此集散，再通过北港区转运至世界各地，大大提高洋山港的水水中转能力，强化上海国际航运中心的核心作用。西港区计划在2013年全面建成。

上海临港新城

新中国成立之初，上海芦潮港还是一片荒滩。其时上海有俗语“野兔作窝场，蟛蜞当操场”“抓把土能腌菜，舀碗水当盐汤”，说的就是这片荒滩盐碱地。而今天这里已经变身为上海最耀眼的城市——上海临港新城。“临港”的意思不仅是临洋山深水港，还是指与浦东机场这个航空港相接。最终建成的临港新城，将是空运、海运、铁路和高速公路运输都很便利的现代城市。

现代化之港口城市

上海临港新城位于上海东南端——南汇芦潮港，距上海市区50千米，规划面积296.6平方千米（现扩展为311.6平方千米，相当于1/3个香港，或者10个澳门的面积），是洋山深水港的配套工程之一。2003年11月30日该工程正式启动，它因依托洋山国际深水港、浦东国际航空港的区位优势，成为上海国际航运中心建设的重要组成部分和核心功能区，对上海未来的发展具有举足轻重的地位与作用。

上海临港新城分为主城区和产业区（包括主产业区、重装备产业区、物流园区和综合区）。主城区是以5.6平方千米的滴水湖为中心的城市综合生活服务区，规划面积约为100平方千米，其中城市建设面积约为50平方千米，湖中点缀着三座岛屿（星级酒店商务工作之岛、娱乐休闲主题公园之岛、游艇码头体育活动之岛），沿湖以环状、放射状的形式向外扩展，形成城市生活环带、城市公园景观环带和都市居住生活环带，可容纳80万人居住。

产业区是以产业开发为主的功能区块，面积约200平方千米，其中城市建设面积约为120平方千米，可容纳居住人口50万。产业区是现代装备制造业的主体部分，并以现代装备产业、出口加工和高科技产业为核心，其中重装备产业区和物流园区是建设国际集装箱枢纽港的重要依托，是集仓储、运输、加工、贸易、保税、临港工业、分拨、增值和国际商贸功能于一体的国际经贸平台。

浩大的围海造田工程

临港新城是目前世界上最大的填海造地项目之一。在临港新城开发中，总计需要填海20万亩，即133.3平方千米，仅填海所耗费的成本就高达400亿元。平均填海一亩需要花费16万～20万元人民币。临港新城主城区规划用地74平方千米，其中54平方千米的土地要在2年时间内围垦成陆。围垦54平方千米的土地，需要在这一片滩涂上填起5600万平方米的沙土。

一般来说，围海造田的第一步就是要促淤，也就是在规划的堤线位置先抛筑块石，形成一道促淤坝。涨潮时，泥沙随潮水进入促淤区域。退潮时，一部分泥沙沉积下来，经过2到3年后，滩地可淤高1到2米。第二步是围筑大堤。等围区内泥沙淤高到一定程度，在促淤坝里筑一道大堤，使围垦区域与潮水隔开，形成不进潮水的陆地。第三步吹填，即从附近海域中取沙进行吹填，抬高地面，满足用地要求。

然而芦潮港地区属于低滩围垦，大堤堤线位置在吴淞标高零米左右。同时，堤线位置和地质条件很差。这里有5米水深，海域的水文、气象条件恶劣，风大、浪高、流急。在这片滩涂上围垦成陆，建起新城，从围垦工程上看是上海围垦史上面积最大、用沙量最大、地质条件最差的一项工程。如果用传统的办法先筑堤再吹填，会形成堤内海水越来越多，而堤外的海水在涨潮时对堤坝产生巨大的冲击。不要说大堤龙口难以合拢，可能未等吹填成，大堤就有前功尽弃的危险。

针对这一难题，港城建设者们创造性地采用了“裸吹”的办法，即一反传统的促淤—围垦—吹填的做法，而采用促淤—吹填—围垦的做法。要实现

"裸吹"，首先要解决围垦所需的沙土——5600万立方米的沙土。如果用这些沙土筑起一米见方的泥墙，这道泥墙足足可以绕地球一圈半。不熟悉海洋常识的人总以为大海里有的是沙土，其实并不如此。为了保护滩涂，近处的泥沙是不能随便挖掉的。工程指挥部经过反复论证，决定在大堤外1.5千米外的海底取沙。这样做投资成本低，进度快，而且在浅海挖掉一个8 ~ 9米的沙坑，经过半年就可以淤平。

第二，要解决工程在挖沙工具和时间上的矛盾。刚开始时，4艘小型挖泥船试挖试吹，6个月挖吹泥沙50多万立方米。照这样的速度，5600万立方米沙土需要挖40年。这明显不符合工程计划，因此工程指挥部果断决策，决定向荷兰租借绞吸式挖泥船。这种大功率挖泥船，动力大，效率高，每小时可挖3000立方米；边挖边吹沙上岸的排出距离远，最远的可达5千米；且抗风性能好，7级大风还能继续挖沙。工程以两艘从荷兰租借来的绞吸式挖泥船为主力，又配置了几艘国内挖泥船，进度大大加快。

最后在工艺上，先进行吹填，用大型绞吸式挖泥船取沙，通过输沙管道向围垦区域里吹沙。然后筑堤，待大堤建成后，地面未达到设计标高处，再进行补吹沙土。用这样的"裸吹"办法，使近5万亩滩地从零米提高到2米。滩地抬高后，潮水的进入量也就减少了，这样就大大减少了大堤合拢的风险性。同时，用大型绞吸式挖泥船的有利条件是，采用大容量、快速连续向淤泥层吹填沙土的方法，硬是将深潭中的淤泥挤掉，置换进坚实的沙土。经过两年多的连续施工，临港新城崛地而起。

完善的装备制造业基地

临港新城产业区是一个完善的装备制造基地。在"十一五"期间以及今后一段时间内，临港新城将实现固定资产投入1200亿元，重点建设支撑中国能源、交通行业可持续发展的乘用车整车及零部件、大型船舶关键件、发电及输变电设备、海洋工程设备、民用航空产业配套等五大装备产业基地以及支撑装备制造业发展的工程机械、物流机械、精密机床等制造基地。

汽车整车制造：上海汽车工业集团自主创新和自主品牌整车及发动机基地冲压、车身、油漆、总装、发动机五大车间以及车体分配中心、能源中心等单体已经建成投产，主要生产自主知识产权KV4、KV6系列发动机、自主品牌“荣威550”整车，最终形成30万台各型发动机和22.5万辆整车的生产规模。未来，上海将形成本地三大汽车整车制造基地（嘉定、金桥、临港）“三足鼎立”的产业格局。

船舶关键件制造：中船三井船用柴油机项目、电气船用曲轴项目、中船重工和瓦锡兰合资的中速柴油发电机组项目已经投产。中船三井船用柴油机项目具备年产170万马力柴油机的能力，主要制造汽缸直径600毫米以上的大功率低速柴油发动机，同时可制造理论上最大的汽缸直径1080毫米的柴油机（现已批量制造世界最大的缸径900毫米的柴油机），满足12000箱集装箱船的主机需要；基地二期完工后将形成年产400万马力的生产规模，是全国最大最先进的船用柴油机生产基地。大型船用半组合式曲轴项目年产160根曲轴（已可生产为缸径900毫米柴油机配套的曲轴），未来可达360根，打破了日本、韩国、捷克、西班牙等少数国家对该领域的高度垄断。

发电及输变电设备制造：基地生产百万千瓦等级核电主设备、重型燃气轮机、具有极端（特大、重型、超限）重型装备制造能力的电气重装联合厂房，具有1400吨吊装能力、5000吨泊位条件的电气重件码头已建成投产；一机床公司核电内堆件项目年产核电堆内构件和控制棒驱动机构4.5套（全国唯一具有此生产能力的企业）；核电起重运输项目年产核电成套起重运输、重型起重运输等设备4.9万吨；这些装备将为我国实现核电设备的基本国产化奠定基础。2008年7月，长21米、最大直径4.4米、重3350吨的60万千瓦核电机组蒸发器已下线并运往秦山核电站，我国成为继美国、法国、日本、韩国之后能制造该设备的少数国家之一。此外还有特高压交流重型输变电设备和直流输电设备，产业区将成为中国最大的高端发电及相关设备制造基地。

海洋工程设备制造：中船集团已开工建设具有世界一流的大型海洋工程与船舶制造专业配套基地，其中包括专用产业码头两座，年产海洋工程平台4座，海洋工程生活模块或船用生活模块30个。

民用航空产业配套：在2008年11月，中航工业集团与上海市政府签署协议，在临港产业区设立国家级上海民用航空产业配套基地，吸引国家航空产业配套项目，发展发动机、航电、机电、环控、新材料和航空物流产业。首批启动项目为航空发动机项目，由中航工业集团为主出资组建中国商用飞机发动机公司，注册资本60亿元。

工程机械等其他制造：港口以物流机械为主，中集集装箱制造及维修、卡尔玛港口机械、科尼港口机械、振中桩机等项目已经建成投产并将扩建。随着田中激光机械、阿特拉斯空压机、开山空压机、蒂森克虏伯工程机械、希尔博装卸机械、希斯庄明机床、大型煤矿液压支架、履带挖掘机等项目的建成和落地，该基地涵盖的领域将更加丰富。

曹妃甸开发区

曹妃甸隶属于河北省唐山市，原是渤海湾上一个荒凉的小沙洲，涨潮时面积还不足4平方千米。但曹妃甸有两个特点，首先在地理上它毗邻京津冀城市群，北距唐山市70千米、北京市220千米，西距天津120千米，东距秦皇岛170千米，产业布局集中，经济腹地广阔，物产丰富，物流发达，有对我国南北资源互补、经济融合走势；其次，曹妃甸拥有建设中国北方国际性深水港口的天然条件。综合以上两点，曹妃甸港区的开发建设，能够构造新的区域优势，开辟新的产业空间，打造新的经济增长点。

开发条件得天独厚

曹妃甸港区位于唐山市南部70千米南堡地区曹妃甸岛。曹妃甸岛为一长方形沙岛，是由古滦河入海冲积而成，至今已有5500多年的历史，因岛上原有曹妃庙而得名。

曹妃甸港区自然条件非常好，岛前西南及南侧水深条件良好。这里距离大陆岸线约20千米，从甸头向前延伸500米，水深即达25米，甸前深槽水深达36米，是渤海最深点。由曹妃甸向渤海海峡延伸，有一条水深达27米的天然水道，直经海峡，通向黄海。水道与深槽的天然结合，构成了曹妃甸建设大型深水港口得天独厚的优势。这里30米水深岸线长达6千米之多，且不冻不淤，是渤海唯一不需要开挖航道和港池即可建设30万吨级大型泊位的天然港址。港区气象、水文、地质条件非常好，在这里建港，开发建设的工程量将会很小。

曹妃甸岛后方滩涂广阔且与陆域相连，低潮面积达30平方千米，零米水深面积达150平方千米，为临港产业布局和城市的开发建设提供了足够的用地。

开发建设曹妃甸港区，是京津冀及周边地区钢铁、石化产业发展的客观需求。京津冀及周边地区的经济结构中，钢铁、石化等行业在全国具有举足轻重的影响。华北地区首钢集团、唐钢、宣钢、包钢、天钢、承钢六大钢厂进口矿石需求量以及燕山石化公司、天津石化公司、石家庄炼油厂、沧州炼油厂等石化企业的进口原油需求量很大。而远洋运输进口矿石、原油，最经济合理的运输船型为20万～25万吨级。再者，曹妃甸的开发特别在“北煤南运”的大通道建设中，将起到重要作用。

四大主导产业基地

2005年，曹妃甸正式拉开大规模开发建设序幕。曹妃甸的总体开发建设，分近期和远期进行。主要工程包括：

第一，码头建设。就是利用曹妃甸天然港址优势，建设4个25万吨级矿石码头，2个30万吨级原油码头，16个5万至10万吨级煤炭码头和1个10万吨级LNG码头。矿石码头建设按照“建二备二”原则，一期工程建设25万吨级进口矿石码头两座，年接卸矿石3000万吨，总投资概算27亿元；二期再建设2个25万吨级矿石码头，最终建成4个矿石码头，形成6000万吨能力；建设30万吨级原油码头2座，年接卸能力3800万吨，工程总投资15亿元。同期配套建设原油首站储蓄和输油管道，扩增国家原油战略储备能力1000万～1500万吨；按年下水2亿吨能力，规划建设16个5万～10万吨级煤炭泊位。其中一期建设8个泊位，煤炭下水能力1亿吨，投资77亿元；在曹妃甸建设10万吨级LNG码头1座及接收站、管线等配套设施，年接卸能力600万吨，项目总投资约90亿元。

第二，建设1500万吨精品钢材生产基地。依托进口矿石码头，结合首钢集团整体搬迁，由首钢集团、唐钢联合在曹妃甸建设1500万吨精品钢材生产基地。一期工程800万吨、工程总投资635亿元。产品以汽车、家电、建筑、造船、压力容器等国家长期依赖进口的精品版材为主。

第三，建设1500万吨的华北原油储备基地。依托进口原油码头，建设1500万吨的华北原油储备基地。同时，利用进口原油，建设1000万吨级炼油、100万吨级乙烯炼化一体化工程，总投资273亿元。

第四，建设460万千瓦大型火力发电厂。依托“北煤南运”和大秦线扩能分流工程，利用曹妃甸深槽海水冷却，建设460万千瓦大型火力发电厂，并实行工业区集中供热。该工程包括两部分，一是投资182.2亿元建设4座装机容量为1000兆瓦的超超临界燃煤发电机组；二是利用进口LNG，投资25亿元建设两座300兆瓦的燃气热电机组。

为了实现工业区内产业群资源最有效的利用和污染物的“零排放”，在建设上述四大主导产业的基础上，项目同时规划实施资源综合利用和工业废弃物重复利用项目，包括：利用钢铁工业炼制焦炭的煤焦油，建设30万吨煤焦油深加工装置，发展煤化工及深加工产品；利用钢铁厂的工业废渣，建设年产240万吨的矿渣超细粉工程；利用发电厂的冷却海水建设海水淡化工程，海水淡化的浓缩卤水经加工用于氯碱工业。

配套的基础设施建设

相比产业基地建设，曹妃甸的基础设施建设同样是蔚为壮观。为加快曹妃甸的总体开发，国家从2003年即开始曹妃甸配套基础设施工程的建设。工程项目包括：

第一，曹妃甸通岛路工程。该路由林雀堡至曹妃甸岛，全长18.4千米。该工程于2003年3月正式开工，2004年5月底实现全线贯通，9月底工程主体全部竣工，累计完成投资2.64亿元。

第二，青林公路工程。由唐港高速公路青坨营出口至林雀堡，全长52.3千米，一级公路标准，工程总投资为5.6亿元。该工程于2002年9月开工，2006年5月全部竣工。

第三，供电工程。按规划分两期建设，一期为保障矿石码头投产和钢铁厂建设期供电，先由南堡开发区220千伏变电站引出110千伏线路68千米，并在曹妃甸建2×2万千瓦变电站；二期（钢铁厂建成投产后）由安各庄500千伏变电站向曹妃甸实施220千伏供电。

第四，通信工程。初期建设方案为建立模块局2处，总容量4000门，总投资2870万元。目前，架设了唐海五农场到林雀堡的通信光缆，在林雀堡和曹妃甸分别设置了GSM和CDMA移动通信基站，无线信号以覆盖全岛，并在林雀堡开通了宽、窄带交换机608门。

第五，矿石码头工程。一期工程主要建设25万吨级矿石码头2座，配套建设栈桥2座，堆场吹填2平方千米，总投资概算为27亿元（不包括铁路投资）。该工程于2004年3月开始建设，2006年6月份进行单机安装调试，11月份进行联动试车。

第六，供水工程。该工程包括取水工程、输水工程、净水工程及配水工程，年供水8200万立方米，以陡河水库为水源地，输水管道输水距离95千米，工程总投资7.8亿元。

第七，钢铁厂用地吹填工程。总面积20平方千米，分两期建设，一期造地11.95平方千米，吹填量5468万立方米，总投资13.87亿元。曹妃甸吹沙造地工程是我国规模最大的填海造地工程。按照规划，曹妃甸需填海建设的总面积达310平方千米（超过上海临港新城项目，相当于10个澳门的面积）。

第八，疏港铁路工程。该工程由滦南车站接轨，经滦南县、唐海县、到曹妃甸岛，按国铁Ⅰ级、单线标准建设（预留双线电气化条件），线路全长75千米，其中陆域部分54千米，海域部分21千米，项目估算总投资14亿元。

曹妃甸开发以来受到了中国乃至全球的关注，除了其区域和资源的优势，更重要的是具备天然良港的先天条件，其未来的目标是达到5亿吨的输送量，冲击全球第三大港口的位置。

天津百万吨乙烯项目

作为石化工业的“龙头”和基础原料，乙烯产量已经成为衡量一个国家石化工业发展水平的标志。因此天津年产100万吨乙烯及配套项目的开工建设，对调整中国石油化工产业结构、提升石化工业国际竞争力、推动环渤海地区经济发展具有重要的意义。

20亿元打造低碳乙烯工程

天津石化百万吨乙烯工程是天津有史以来最大的工业项目，也是滨海新区开发开放的标志性工程。该项目及其配套项目总投资约340亿元，总占地面积约为455.12公顷。建设内容主要包括乙烯、炼油和热电工程三大部分。项目在2009年建成后，天津石化炼油一次加工能力达到了1500万吨/年，乙烯生产能力120万吨/年，每年为社会提供高质量成品油587万吨，提供乙烯等化工基础原料320万吨，提供高端合成树脂和化纤150万吨，提供液化气等其他产品75万吨。

百万吨乙烯项目在天津大港动工建设后，已带来了一系列的产业集聚效应，一批上下游配套企业纷纷落户周边。为此，大港区规划建设了一个占地55平方千米的石油化工产业园区，积极发展与之相配套的生产性服务业，建设功能完备的大型石化产品流通平台，形成完整的石化产业发展链条。

作为天津滨海新区开发开放的标志性工程，项目将按照“区域化、大型化、一体化、专业化”的发展模式进行建设，项目新增用水基本由淡化海水和中水回用解决，同时选择国内外先进的清洁化生产工艺和高效设备，强化污染物分类治理和综合利用，最终成为一个节约型、生态型、环境友好型的示范工程。

石化工业一向都以重污染的形象出现在公众的面前，然而天津百万吨乙烯及其配套项目全面投产后，中石化天津分公司的炼油能力提高了3倍、化工能力提高了5倍。而二氧化硫、烟尘等的排放量不仅没有增加，反而大大减少，其中二氧化硫的年排放量从项目开工建设前的2.1万吨降到了目前的9400吨左右，降幅达54%。这都得益于项目在污水、烟气处理，废物利用，资源节约等方面的巨大投入。百万吨乙烯及其配套项目总投资达340亿元，其中用于环保和清洁生产的投入就占了1/17，超过20亿元。可见百万吨乙烯项目在打造环保低碳工程上，是不遗余力的。

大型海水淡化厂

石化行业是耗水大户，百万吨乙烯及配套项目投产，除了电、原油外，每年还需要增加至少约4000万吨淡水。按照传统生产模式，这个项目势必与当地资源环境产生尖锐矛盾。

为了解决用水问题，项目借助地处沿海，海水资源丰富的优势，配套建设了日产超过9万吨淡水的海水淡化厂。淡化后的海水经过中石化天津分公司化学水站的膜过滤、脱盐、添加等工艺处理后生产出合格的化学水，就能满足百万吨乙烯及配套项目工业用水。

为百万吨乙烯供水的海水淡化厂，使用的是大港电厂发电机组的升温冷却海水。仅此一项，每年便可节电300万度，减排二氧化碳2620吨、二氧化硫8.5吨、氮氧化物7.4吨。由于海水淡化水的钙镁离子含量远低于自来水，中石化天津分公司用淡化水制取软水的生产成本也比使用自来水每吨节约2元。

在中石化天津分公司的百万吨乙烯及其配套项目中，水处理装置系统庞大而复杂。这些装置分别将生产污水、污染雨水、清净废水等不同水质的水进行收集、处理，再回用于循环冷却水系统。

随着百万吨乙烯及配套项目建设、投产，在充分依托原有污水处理设施的基础上，中石化天津分公司新建了一批污水处理厂。这些污水处理厂每小时能处理500立方米的污水，处理乙烯工程工业污水、生活污水及初期污染雨水，污水回用量每小时350立方米，回用水成为工业循环冷却水补充水源之一。另外，针对炼油生产环节的含油污水，还专门兴建了处理能力为每小时450立方米的含油污水处理系统和一套污水深度处理及回用系统，每小时生产的330立方米回用污水被作为工业循环冷却水补充水源和炼油脱盐水站的水源。

废气年产硫黄20万吨

对石化企业来说，减少排放难度最大的环节是烟气处理。中石化天津百万吨乙烯及配套项目的原料全部是高含硫原油，无疑又增加了烟气处理的难度。因此在20亿元环保投入中，有相当一部分投向了脱硫装置。

CFB锅炉是中石化天津分公司热电部三期工程，是专门针对百万吨乙烯及配套项目建成后将加工高含硫原油特点而建的一项环保工程。锅炉燃料使用的是高硫重质原油在炼制中产生的高硫石油焦。为了处理烟尘中的有害物，每台锅炉都建有脱硫塔，使用了先进的循环硫化床技术，通过对石油焦进行炉内脱硫和烟气尾部脱硫两级脱硫，大大减少了污染物的排放量。烟气中排放的二氧化硫浓度，与严格于国家标准的天津锅炉大气污染物排放标准相比，每标立方减少了30毫克。

乙烯上下游产业链很长，一个“大乙烯”项目就可带动数个相关项目。中国石化天津百万吨乙烯及配套项目不仅包括年产100万吨乙烯，还有年产1000万吨炼油项目。脱硫制硫装置正是针对上游原油加工过程中产生的有毒有害气体而投巨资建设的重大环保项目。这套装置引进了在线分析仪等先进控制系统，废气中约70%的硫化氢在炉子里就直接生成了硫黄，剩下的在反应器中转化成硫黄，总硫回收率达到99.9%以上。不仅使硫化氢达到零排放、烟气达标排放，而且满负荷下，还能实现年回收生产工业用硫黄20万吨。

湛江东海岛：宝钢千万吨级钢铁基地

中国钢铁工业长期面临着一个大问题，就是生产力布局的不合理。根据资料显示，在2007年，中国进口铁矿石有3.83亿吨，这些铁矿石主要是依靠海运，而目前钢铁企业绝大部分都分布在内陆，毫无疑问这对钢铁工业的长期发展是不利的。如何降低运输成本是推动沿海钢铁产业发展的动机。

国家沿海钢铁基地战略

在中国2005年《钢铁产业发展政策》上，政府对国家钢铁行业做了这样的规划："从矿石、能源、资源、水资源、运输条件和国内外市场考虑，大型钢铁企业应主要分布在沿海地区。内陆地区钢铁企业应结合本地市场和矿石资源状况，以矿定产，不谋求生产规模的扩大，以可持续生产为主要考虑因素。"也就是说，在沿海地区建设海港钢铁基地是中国今后发展的趋势。

为此，国家对钢铁行业做了一个大致的搬迁规划：结合首钢搬迁工程，在渤海湾建立曹妃甸钢铁精品基地；结合广州钢铁搬迁工程，推动宝钢与广东钢铁企业、武钢与广西钢铁企业兼并重组，通过淘汰或减少现有产能，建设湛江、防城港沿海钢铁精品基地；按照首钢在曹妃甸减少产能、发展循环经济的模式，结合济钢、莱钢、青钢压缩产能和搬迁，对山东省内钢铁企业实施重组和淘汰落后产能，推动日照钢铁精品基地建设；结合杭钢搬迁以及宝钢跨地区重组和淘汰落后、压缩产能，论证宁波钢铁续建项目。

大力发展海港钢铁工业，还有一个伴生效应，即全国钢厂基本全部从城市撤离。例如，广东钢铁集团成立后，原广州钢铁将全部淘汰炼铁、炼钢、轧钢生产能力，并迁出广州市。这些大搬对钢铁工业的环保生产带来说是非常有利的。对于广东省来说，建设湛江东海岛钢铁基地的同时，广东省将相应淘汰原有的985万吨落后钢铁产能，其中广钢淘汰350万吨，韶钢淘汰150万吨。武钢建设防城港钢铁基地也将淘汰广西、湖北的落后产能。这对于希望借力钢铁行业“后发优势”的两广来说，不失为一个好机遇。

选址东海岛让湛江腾飞

东海岛总面积492平方千米，其中主岛东海岛面积401平方千米，是我国第五大岛、广东第一大岛，同时也是我国最大的经济开发试验区。海岛东北部龙腾至蔚律有6.5千米的海岸线，非常适合建设国际一流深水大港。这里水深26～44米，航道距岸仅200～300米，可同时通航两对30万吨级以上的货轮和50万吨级的油轮。更为重要的是东海岛航道距离澳大利亚、南美、巴西比较近，而这些地方正是我国主要的钢铁原料来源地。此外，东海岛的天然条件优越，在这里建设大型矿石码头，不需要填海和浚深航道。岛上地势平坦，基本处于天然状态，免去了大规模搬迁居民的工程，大大降低了建设成本。

早在1985年，广东就规划建设一个千万吨级钢铁基地，并且确定了深圳盐田、惠州大亚湾、广州南沙、珠海高栏岗和湛江东海岛5个地方为备选，后因土地资源等原因，深圳和珠海退出了这个规划。

1992年，经过长期的论证，千万吨级钢铁基地最终选址湛江东海岛。当时规划为总投资45亿美元，年产1000万吨。但好事多磨，当项目正要开展的时候，国家对钢铁产能做出宏观调控，东海岛项目不幸被搁置下来，直至若干年后，项目才再次被提上议程。与此同时，广西防城港也加入了对千万吨级钢铁项目的争夺。作为南濒北部湾，西南与越南交界，拥有四个国家一类口岸的广西重点发展城市，防城港的竞争实力也不容小觑。哪个城市能获得钢铁项目，它就是华南钢铁基地。这对地方发展而言有着不可替代的标志性意义。

2008年6月，经历了长达5年的谋划，湛江东海岛宝钢千万吨级钢铁基地项目终于获得国家发改委的正式批准。东海岛钢铁基地建设规模为铁920万吨、钢1000万吨，计划投资690亿元，堪称“巨无霸级”钢铁厂。项目最终规划的产能是2000万吨，可能是国内规划最大的钢铁基地。工程分两步来实施：第一步建设规模为年产生铁380万吨、钢水412.4万吨、热轧板卷392万吨；第二步建设规模为年产生铁760万吨、钢水827.4万吨，以热轧板卷、冷轧板卷、镀锌板卷、彩涂板卷和电工板卷为最终产品。

项目规模如此宏大，对湛江而言，其直接效益不但是工业经济实力及其带动的上下游产业的壮大，并且将确立湛江在广东经济版图中的位置。东海岛钢铁基地不仅仅是一个巨无霸钢铁厂，作为钢铁项目上下游产业链基地，以湛江经济技术开发区东海岛新区为主的“临港石化工业基地”已正式起步。包括300万吨重交沥青项目、200万方储存库项目、60万吨润滑油项目、45万吨二甲苯项目和4×30万千瓦热电联产项目，总投资达214亿元。

东海岛钢铁基地项目首期1000万吨产量，工业产值将达1000个亿，增加值能达到200多个亿。而配套产业约为1.5~5倍的带动比例。换句话说，这将是5000个亿的生产总值。而按照2007年890亿元的GDP计算，这将是7个湛江。可以预见东海岛千万吨钢铁基地将带动湛江经济的腾飞。

察尔汗盐湖：百万吨钾肥工程

2000年4月11日，国家发展计划委员会正式公布，为实施西部大开发战略，加快中西部地区发展，国家决定在西部地区新开工“十大工程”，而其中青海察尔汗盐湖钾肥工程位列第九。

这里盐湖风光独好

察尔汗盐湖位于青海西部的柴达木盆地青海格尔木市都兰县境内，距格尔木市60千米，距西宁750千米，总面积5856平方千米（相当于5个香港的面积），有“中华第一湖”的美誉，是柴达木四大盐湖中面积最大、储量最丰的一个，也是世界上最著名的内陆盐湖之一。盐湖东西长160多千米，南北宽20～40千米，盐层厚约为2～20米，海拔2670米，巨大的湖面在高原上形成了“碧野千里”的奇观。据勘查，察尔汗湖中储藏着500亿吨以上的氯化钠，足够全世界的人食用1000年。这里还出产闻名于世的光卤石，伴生着镁、锂、硼、碘等多种矿产，尤以钾盐资源最为丰富。

察尔汗在蒙古语中是“盐的世界”的意思。关于察尔汗湖，有一个古老的传说。传说在很久很久以前，察尔汗曾经遍地都是金银珠宝。山神魔怪们为抢夺财宝而终年争战不休，给当地老百姓造成了巨大的灾难。仙居昆仑山深处的西王母得知后，说“这太不像话了”，决定亲自出面摆平这些事，她命司水神放下天水来，把这些宝贝都淹了，让谁也拿不到。于是，这里就成了一片湖水。

其实察尔汗盐湖是由于地壳变动而形成的。在很久以前，这里是一片汪洋大海，后来古海洋经青藏高原的地壳变迁，被山峰分隔并逐渐萎缩和干涸而形成了现在的盐湖。由于盐湖地处戈壁瀚海，这里气候炎热干燥，日照时间长，年降雨量不及蒸发量的百分之一，经长期风吹日晒，湖内便形成了高浓度的卤水，逐渐结晶成了盐粒，湖面板结成了厚厚的盐盖，异常坚硬。并孕育了晶莹如玉、变化万千的神奇盐花。盐花是盐湖中盐结晶时形成的美丽形状的结晶体。卤水在结晶过程中因浓度不同，时间长短不一，成分差异等原因，就形成了形态各异、鬼斧神工一般的盐花，它们或形如珍珠、珊瑚，或状若亭台楼阁，或像飞禽走兽。一丛丛，一片片，一簇簇地矗立于盐湖中，让人若入仙境。令人难以置信的是盐湖上还有一条长32千米，浮在卤水上的“万丈盐桥”，这是世界上最长的盐桥，整座桥由盐铺成，堪称世界奇观。

湖面上的盐盖异常坚硬，盐盖上甚至可以修公路、建铁路，格尔木至敦煌公路的一段和青藏铁路的一段便是由此经过，形成湖面车水马龙、湖下碧波荡漾的奇景，在日光照耀下，盐海绚丽多彩，千奇百态的盐花、盐钟乳令人叫绝。这里每年都会吸引数以万计的国内外游客前来观看盐花奇观。

百万吨钾肥工程

察尔汗盐湖风光美好，而其中的钾盐资源对我国来说意义更是重大。我国是一个缺钾大国。钾矿资源很少，耕地中泥土缺钾情况十分严重，这对农业生产造成了很大的影响。察尔汗盐湖是我国唯一一个内陆钾盐盐湖。但是由于盐湖位于偏僻的青海省西北部，海拔高度达到3000米，要在这里开采钾盐，技术和资金都是问题，因此这里的钾肥生产一直没有形成规模化和产业化。每年10亿5千万亩缺钾耕地需要的500万吨钾肥，主要依靠国外进口。

2000年，经多年研究勘察，国家终于将开发察尔汗湖的计划列入了“十五”规划的重点工程之中。该项目的建设对支援农业生产、带动盐湖资源的综合利用、促进青海地方经济的发展都具有重要意义。

青海的柴达木盆地蕴藏各种盐类资源，储量达500多亿吨，其中钾盐占已探明储量97%。青海百万吨钾肥工程，是目前国内海拔最高的国家石油和化工重点建设项目。该工程属西部大开发首批十大工程之一，总投资25.86亿元，于2000年5月18日开工，2003年10月27日打通流程并产出第一袋盐桥牌钾肥。到目前盐湖工业集团钾肥生产能力已经达到150万吨，占全国总使用量的1/3。

目前，察尔汗盐湖的开采权已由国家划定给盐湖工业集团所有。该集团的前身是于1982年成立的青海钾肥厂，该厂是由原青海省海西州察尔汗钾肥厂与原化工部格尔木钾矿筹建处合并而成的。青海省海西州察尔汗钾肥厂始建于1958年，1969年建成年产万吨车间，采用冷分解浮选法工艺生产。化工部格尔木钾矿筹建处是于1975年经化工部批准为筹备建设青海钾肥一期工程建设，工程总投资58347亿元。该工程氯化钾设计生产能力为20万吨，为国家“七五”重点工程，1989年建成投料试车成功。1992年9月一期工程经过3年试运行正式通过国家竣工验收。

1994年青海钾肥厂被国家计委、国家经贸委、财政部、劳动部、人事部、国家统计局批准为国有大型一档企业，同年被青海省选定为首批十四家现代企业制度试点单位之一。1996年7月31日，经青海省体改委青体改［1995］第032号文批准，青海钾肥厂整体改组为青海盐湖工业集团有限公司，注册资本为人民币31326万元。经过几年的发展，青海盐湖工业集团有限公司已成为集盐湖资源研究、开发和加工生产为一体的综合型盐化工企业，经营硫酸钾、光卤石、水氯镁石、低钠盐等盐化产品，并承担盐湖开发技术研究、项目设计和盐田工程建设。

技术还是要靠自己

采盐是生产过程的第一环。20世纪50年代建厂时从湖中采盐主要是靠工人用铁锹挖，效率极低，为了加快采盐速度，90年代，察尔汗钾肥厂里从美国汉森公司进口了4台采盐船，每条船价格高达4000万美元。

外国采盐船价格昂贵，引进并不是长远之计。为了摆脱对外国采盐技术的依赖，“十五”初期，青海盐湖工业集团与国内几家机械制造企业联手攻下大型采盐船的生产技术，自行制造出7台采盐船，其性能与美国船不相上下，造价却只有美国船价的一半。在14个总面积为80平方千米的采盐池中，11台采盐船在盐池中作业。每台作业船日采钾盐矿8000吨，并通过管道将钾盐含量25%的卤水输送到生产车间。

在采盐中有一项叫“冷结晶”的技术，是钾盐提取的关键。当年的青海钾肥厂曾与某拥有盐湖开采技术的国家商谈合作事宜，终因种种原因未能谈成。而“冷结晶”就是其中的一项。“冷结晶”技术是一层窗户纸，如果能将这层窗户纸捅破，那么钾盐的开采提取技术就能发生质的飞跃。既然引进不成，且又是核心技术，就不能依赖外国。于是，在盐湖工业集团和上海化工研究院等科研单位的日夜奋战下，这一技术终于被攻关，并获得国家专利金奖。现在，盐湖工业集团已经掌握了钾肥生产的全部技术，装置现代化水平也很高。

虽然青海并不缺少水电资源，但盐湖工业集团依然注重节约。钾肥生产车间的39台复选设备并没有安装在同一个平面，而是按生产流程从高到低形成梯形生产线，最高处与最低处相差近10米。利用这些落差形成的自然压力，减少泵的使用量。

钾肥二期工程已建成40多千米的输卤渠、43平方千米的光卤石池以及防洪堤坝等工程设施。百万吨钾肥项目工程建成后，青海将成为全国最大的氯化钾生产基地，它不仅对促进地方经济发展，支援全国农业建设具有重要意义，而且对于逐步提高中国钾肥自给率，减少进口，节约外汇都起到重要作用。

青藏铁路

早在1919年，孙中山先生就在他的名著《建国方略》中提出了在西藏修建铁路的规划。其中他规划了“西北铁路”“高原铁路”等七大铁路系统，共计106条铁路干线，约10万千米。但在动荡的年代，这一宏伟计划没有得到实施。2006年7月1日，青藏铁路正式通车运营，孙中山先生的伟大构想，在新中国人民的共同努力下终于实现了。

半个世纪圆一梦

西藏自治区地处祖国西南边陲的青藏高原，面积122万平方千米，平均海拔4000米以上，素有“世界屋脊”“地球第三极”之称。

因为地理环境恶劣，新中国成立以后，西藏自治区是当时我国唯一不通铁路的省级行政区。交通运输设施的落后，已经严重制约了这一地区经济、社会的发展，使之成为我国主要的贫困地区之一。随着西部大开发的实施，运往西藏的物资大幅度增加，西藏原有的以青藏公路为主体的运输通道无论从运能、运量上，还是从运输的快捷、方便上，都远远不能满足经济发展的迫切要求。建设青藏铁路，是克服交通“瓶颈”，加快青海、西藏两省区经济发展，促进西部大开发的客观需要，修建青藏铁路已是势在必行。

建设青藏铁路，将完善路网布局，并一举实现西藏自治区的立体化交通。从路网布局看，西藏是一片空白，不仅如此，西藏与青海、青海与新疆均无铁路相连，青藏铁路纵贯青海、西藏两省区，是沟通西藏、青海与内地联系的具有战略意义的通道，也是西部腹地路网骨架的重要组成部分，更是今后建设区内路网的骨干铁路。同时，青藏铁路的建成通车，将形成铁路、公路和航空的立体化交通，彻底解决“进藏难”的问题；也是加强国内其他广大地区与西藏联系，促进藏族与其他各民族的文化交流，增强民族团结的需要。

修青藏铁路不是现在才提出来的，新中国建立以后中央政府就构思在青藏地区修建铁路，并且付诸了实施。1958年4月，从兰州西面的河口和青海的西宁同时动工修建兰青铁路河口—西宁段。仅用了1年多的时间，到1959年10月竣工通车，全长175千米。这是青藏高原有史以来的第一条铁路。另外，1958年5月破土动工的甘青铁路，于1961年3月正式运营。

青藏铁路是在1957年开始勘测修筑的，1960年西宁至海晏段建成通车。进入60年代，因为国民经济困难，青藏铁路曾一度停建。1962年青藏地区全区铁路通车里程仅为205千米。70年代中期，青藏铁路又继续施工修建，1979年铺轨至格尔木市，1981年第一期工程胜利完成。这段铁路从西宁向西穿过海北、海西两个民族自治州，全长834千米，1984年“五一”国际劳动节正式交付营运。青藏铁路一期工程的完成使青藏高原地区铁路通车里程达到1095千米。先后建成了大通（西宁—大通）、柴达尔（哈尔盖—柴达尔）、海湖（克吐—海湖）、茶卡（密尔诺—茶卡）4条支线，总长130多千米，另外还有51条专用线。至此铁路运输在青藏高原地区的重要地位已初步显示出来。

2001年2月8日，国务院批准建设青藏铁路，即为青藏铁路二期工程，为格尔木至拉萨段。工程分三个阶段建成：格尔木至望昆段于2002年铺通；望昆至安多段551.7千米于2004年铺通；安多至拉萨段441.9千米于2006年铺通；2006年7月全线配套建成。按照青藏铁路建设初步方案，西藏自治区内段建设总投资为160亿元。建成后的青藏铁路是世界上海拔最高和最长的高原铁路。

除青藏铁路外，在规划中的进藏铁路还有3条，即甘藏铁路、滇藏铁路、川藏铁路。根据比较和论证，青藏铁路在铁路长度、线路桥隧总长及密度、工期和施工条件等方面具有得天独厚的优势。青藏铁路二期工期仅为6

年（其他3线约为30年以上），投资额也是最少的一条。

2006年7月1日青藏铁路正式通车，它由青海省西宁市至西藏自治区拉萨市，全长1956千米。首发拉萨的城市有北京、成都、重庆、西宁、兰州，之后又陆续有上海、广州等大城市加入青藏铁路的运行，大批的旅游者正通过铁路前往西藏旅游并享受着与以前完全不同的西藏高原风光及旅游体验。

从1957年，青藏地区的第一条铁道修建，到2006年全线通车，青藏铁路走了差不多半个世纪的历程，在西藏修铁的梦想终于画上了一个完美的句号。青藏铁路的建成通车必将对推进青海、西藏的经济发展、改善当地人的生活、加强民族团结、促进文化交流起到重要作用。

冻土和缺氧问题

青藏铁路，这条世界海拔最高、线路最长的高原铁路，被誉为“天路”。青藏铁路建设面临着多年冻土、高寒缺氧、生态脆弱“三大难题”的严峻挑战，工程之艰巨，要求之高，难度之大，是世界铁路史上罕见的。

青藏铁路格尔木至拉萨段全长1142千米，其间穿越多年冻土层550千米。冻土是指温度在零摄氏度以下，并含有冰的各种岩土和土壤。冬天膨胀、夏季融沉。在这两种现象的反复作用下，道路或房屋的基底就会出现破裂或塌陷。

为了攻克冻土难题，自青藏铁路开工建设以来，铁道部先后安排了上亿元科研经费用于冻土研究。在借鉴俄罗斯、加拿大和北欧等国的冻土研究成果上，专家们根据青藏高原的具体情况，首次提出“主动降温、减少传入地基土的热量、保证多年冻土的热稳定性，从而保证修筑在上面的工程质量的稳定性”的青藏铁路工程设计原则，创造性地采取了解决冻土施工难题的相应对策：对于不良冻土现象发育地段、线路尽量绕避；对于高温极不稳定冻土区的高含冰量地质，采取“以桥代路”的办法；在施工中采用了热棒、片石通风路基、片石通风护道、通风管路基、铺设保温板等多项设施，提高冻土路基的稳定性。经过这些处理措施，冻土问题得到了妥善解决。

其次就是缺氧问题了。青藏铁路海拔4000米以上的地段占全线85%左右，年平均气温在零摄氏度以下，大部分地区空气含氧量只有内地的50%至60%。高寒缺氧，风沙肆虐，紫外线强，被称为人类生存极限的“禁区”。

在铁路施工过程中，为了解决施工人员吸氧问题，中铁十二局和北京科技大学合作，创造性地提出了有压吸附，利用高原低气压直接解吸的变压吸附制氧工艺，建成了世界上海拔最高的3台大型制氧站，每小时可制氧42立方米。源源不断的氧气通过钢管输向施工隧道的尽头，工地海拔相当于下降了1000米。这项制氧、供氧系统研制与应用的科技成果，填补了世界高海拔制氧技术的空白，并很快在建设全线推广使用。

铁道通车后，为了保证车组人员和乘客的吸氧问题，中国南车集团戚墅堰车辆厂为青藏铁路专门研制开发了“雪域神号”高原内燃机车。为了适应青藏高原的地理环境特点，这辆机车采用了许多新技术，表现在柴油机功率发挥、启动性能、制动系统、机车抗寒能力和可靠性、机车给氧和防紫外线等12个方面。令人感兴趣的是，机车的司机室采用了防紫外线镀膜玻璃，司机室顶部后端设有“制氧机”，供司乘人员使用。这种随时可制造氧气的方法比在列车上携带氧气袋更为先进、便利。在每列车里都配备有两套供氧系统，一套通过混合空调系统中的空气，使每节列车内含氧量平均提高到23%；另一套系统可以让旅客直接使用独立的接口来吸氧。

青藏铁路的环保工程

在2001年，青藏铁路的开工典礼上，朱镕基这样对工人说：“青藏铁路的各位施工者，你们在修建青藏铁路时，可以将工期从5年推迟到6年，但不要扩展施工地面，要十分爱护生态环境，爱护中国土地上的一草一木，保护中国的每一寸绿地。”

青藏铁路的修建有一个特别重要的问题就是环保问题。因为铁路的施工要穿过青藏高原上的两个自然保护区——三江源自然保护区和可可西里自然保护区300多千米。这里高寒低氧，生态环境独特原始而又敏感脆弱，一旦遭到破坏，就很难再恢复。因此这里被世界自然基金会列为“全球生物多样性保护”的最优先地区。

为了保护好沿途的生态环境，青藏铁路全线用于环保工程的投资计划将达12亿元，这在中国铁路建设史上还是第一次。青藏铁路还第一次使用了全线环保监理制度，由总指挥部委托第三方对全线环境保护进行全过程监控。

在施工现场，“爱护高原每一寸草地”“珍惜高原生态，修建环保铁路”“高原野生动物是人类的朋友”等标语牌时刻提醒施工人员要做文明的建设者。

为了尽可能减少由于取土带来的地表植被破坏，国土资源部门划出了专门的取土区域，严禁在区域之外地表有植被的地方乱采乱挖。已经取得而暂且不用的土方，也不得随意堆放。

为了让草原与雪山交织的高原充满绿色和生机，中铁一局用火车从陕西、山西等地专门运来整车厢的黄土，将土覆盖在营区周围，种上了树木和花草。

对于穿越可可西里等自然保护区的铁路线，在工程设计中，尽可能地采取了绕避的方案；同时，根据沿线野生动物的生活习性、迁徙规律等，青藏铁路还在格尔木至唐古拉山一带设置了25条野生动物通道，并适当调整施工及取土的地点和时间，以保障它们的正常生活、迁徙和繁衍。这种做法，在我国交通史上还是第一次。在施工中，就曾经遇到国家濒危一级保护动物藏羚羊迁徙产仔之际，当时在可可西里保护区施工的青藏铁路参建单位中铁十二局和十四局暂停施工4天为藏羚羊让道。民工和施工机械撤离工地，同时拔掉让藏羚羊警觉和恐惧的彩旗，使得工地暂时恢复了宁静，于是成功帮助500多只藏羚羊通过施工工地，前往可可西里卓乃湖一带完成一年一度延续种群的使命。

厦门翔安海底隧道

目前，全世界已建、在建的跨海隧道共有20多条，它们主要分布在欧洲、日本和中国香港。厦门岛和翔安区之间有海峡相隔，早在20世纪90年代初期就有规划建设海底隧道，经过10年的筹划，国家发改委在2005年批复了厦门翔安隧道工程，并且把它纳入了国家“863”计划专题项目的重点工程。工程在2005年5月1日动工，2010年4月26日建成通车。

中国大陆第一条海底隧道

厦门翔安海底隧道全长8.659千米，其中海底隧道6.05千米，海域段4.2千米。隧道起自厦门市湖里区五通，止于厦门市翔安区西滨，隧道最深在海平面下约70米，工程总投资约32亿元人民币。

翔安隧道是中国大陆第一条海底隧道，同时也是第一条由国内专家自行设计的海底隧道，主线设计时速为80千米。隧道设计采用三孔隧道方案，两侧为行车主洞，各设置3车道，中孔为服务隧道。主洞建筑限界净宽13.5米，净高5米。左、右线隧道各设通风竖井1座，隧道全线共设12处行人横通道和5处行车横通道，翔安西滨侧连接线设收费、服务、管理区。它作为厦门的第四条进出岛通道，上承国道、省道，下接城市区域路网，与厦门岛北面的厦门大桥、集美大桥，西面的海沧大桥一起构成4条连接大陆的路网格局。

隧道建成后，翔安区到岛内两地间缩短350千米的路程，厦门岛到翔安从原来的1个多小时缩短到15分钟。这对提升厦门的城市功能，拓展城市发展空间，促进区域社会经济协调发展，优化产业布局，大大改善厦门市的投资环境，加快厦门国际化港口建设步伐，都有着非常重大的现实意义。而作为我国大陆第一座海底隧道，对于探索出适合我国国情的海底隧道建造技术，为类似工程的动工兴建，缩小与世界先进水平的差距，都起到里程碑式的作用。

多项技术创新

作为我国大陆首条海底隧道，厦门翔安隧道一开始就备受世人瞩目。在地质条件复杂的海平面以下数十米深处，开挖断面上百平方米、跨越海域4千米的行车隧道，工程十分浩大。松软土层、透水砂层、海底风化槽等犹如一只只“拦路虎”挡在建设者面前。

首先，翔安隧道两端陆域部分是在全强风化层下挖隧道。所谓全强风化层，通俗地说就是泥土。由于泥土缺乏足够的支撑力，类似翔安隧道断面这么大（挖断面达170.7平方米，为世界最大）的隧道，如果全洞一次性开挖掘进，塌方的风险就非常大。针对土层施工，工程人员在主隧道采用了CRD四部工法和双侧壁导坑法施工。这两种办法都是将大断面分解成若干个小断面依序进行挖掘与支护，使得松软土层的压力得以巧妙地分解。

在松软土层的隧道施工，需要随时对已挖掘的隧道进行支撑和保护，施工进度一般只能达到每天1米，而在岩层施工，因为岩层支撑能力好，每天可以达到10米。翔安隧道采用的施工技术每天能掘进1至1.5米，与国内类似工程相比，其进度是相当快的。为加快进度，施工方在隧道两端的浅滩地段修筑了直径约100米的人工岛，从上往下开挖竖井直至主洞处。挖一个井增加了两个作业面，施工方就能从土层两端同时掘进。而这两个竖井还将成为隧道的通风井。

其次，隧道翔安端的浅滩段还存在一段450米长的透水砂层。砂层就像一块巨大的海绵，一端在陆地一端在海里，砂粒之间充满了水。在这样的地方挖隧道，存在严重的涌水、塌方、透砂风险。

对此，工程人员采用了“地下连续墙井点降水”的办法，即切断砂层与海水的连通，再把砂层里的水排干。首先，施工人员在砂层上方的滩涂填筑围堰，使滩涂成为真正的陆地；然后，在隧道上方地表划定一个长方形的工作面，沿着工作面四周深挖壕沟至砂层下，用混凝土造出隔水墙，将砂层与海水隔开。工程人员在工作面内挖掘了189口深井，砂层中的水便沿着砂粒间的缝隙流入这些井里，接着被抽离。透水砂层里没了水，涌水难题也就迎刃而解了。

第三，穿越透水砂层后，隧道施工就来到了海底花岗岩层。其实，在全岩层挖掘隧道是较为安全和快速的，但海底岩层的风化深槽却让工程遭遇了最大的施工挑战。

风化深槽是海底岩层因风化作用形成的深坑，就像一只嵌在岩石中的V型水缸，下半部装满了淤泥沙石。风化深槽竖直地嵌入岩层，与海水相通，一旦施工不慎，就像在几十米的海水下把隧道撕开了一个口子，整条隧道都有报废的危险。穿越风化深槽的难度之大、风险之大为国内外罕见。施工人员曾经朝风化深槽里钻了个探测孔，取出岩芯一看，竟是一摊混着海水的黄褐色烂泥，甚至一些专家都认为不可能再继续挖下去。因此，4条从几十米到百余米深的海底风化深槽成了翔安隧道施工的最大障碍。

在借鉴和总结国内外有关工程经验的基础上，众多国内外专家经过反复论证，最终采用全断面预注浆堵水加固方案。简单地说，就是隧道掘进到达风化深槽前约5米时，在已开掘的隧道尽头修一个平整面，在这个平面上钻出200多个直达风化槽的小孔，通过这些小孔，注浆机将强力速干水泥注入风化槽，几个小时后，前方风化槽的烂泥、碎石就板结成了与岩石硬度相当的水泥块。下一步钻隧道，就像是在一个巨大的岩石中凿一个孔。

第四，翔安隧道采用全封闭防水衬砌，在建设过程中采取“以堵为主”的原则进行治理。首先，在超前地质预报系统分析前方地质破碎带情况后，施工人员采用注浆方式，将隧道周围的输水裂隙和涌水空间封堵住。其次，在初期支护（在隧道壁上形成30厘米钢筋混凝土厚壁）和二次衬砌（在隧道壁上形成60厘米的支护厚度）之间铺设薄薄的聚合材料防水层。

为保证万无一失，二次衬砌完毕，施工人员还预留了注浆孔。工程完成后，可能因为周围地质条件变化而在厚壁外形成空洞，通过这些预留的注浆孔回填注浆可以填补这些空洞。如此，就能做到“滴水不漏”了。

第五，在长达数千米且周围被海水封闭的隧道内行车，人的呼吸消耗和汽车尾气很快会使隧道内空气变得污浊。为实现隧道内空气流动，翔安隧道设计了两个8米宽、40米深的通风竖井，分别位于隧道两端的浅滩地段。通风竖井穿过厚厚的地表，直通地面，并将在地表上建成两个颇具观赏性的通风塔，塔内设置电梯空间，将塔身和主隧道相连。作为翔安隧道唯一高耸地面的建筑物，通风塔也成为了翔安海底隧道的标志之一。

独特的安全隧道

为了确保隧道的安全，设计者在主隧道之外又专门设计了一个“服务隧道”。服务隧道是海底隧道左右两个行车隧道中间的一个小隧道，分上下部分。下部为市政管廊，用于布排供水管、高压电缆、通信光缆等，上部为检修车通道、逃生通道。12处行人横洞、5处行车横洞则横向连通左右隧道与服务隧道，每个横洞间距约300米。一旦车辆在隧道内出现问题，人员、车辆可通过人行横洞、车行横洞进入服务隧道，救援人员也可通过服务隧道迅速抵达交通事故地点进行施救。

另外，翔安隧道装有国内最先进的消防系统，隧道里面有很多消防标志、消防设施、管线、监控探头等。8千米多的翔安隧道，设置了3374个消防喷头和17个应急通道。消防系统装置方面，翔安隧道可以说是国内最先进的——包括泡沫-水喷雾联用灭火系统、消火栓系统及火灾报警系统。洞内路面铺设了10厘米厚两层沥青，第一层沥青具有阻燃功能。隧道内设置有自动喷淋系统，在国内这么大断面的隧道里设置这么大的一个自动喷淋系统是很少见的。

翔安隧道内的泡沫–水喷雾联用灭火系统，共设482个泡沫喷雾控制阀组、3374个隧道专用水成膜泡沫喷头，并安装了12800米隧道泡沫喷雾系统供水主干管。在行车左侧的洞顶，每隔25米就有一个自动喷淋设施，一旦隧道里有火，它就自动喷水下来。行车右侧每隔50米设有消火栓、灭火器；隧道右侧壁每隔50米就有一个火灾报警按钮，用手击碎玻璃报警时，不用担心手会被划伤，因为该玻璃是经过特殊处理的。

隧道顶密布着100多个摄像头将隧道每个细节全都覆盖着，没有任何死角，监控到的图像则直接传回地面中控室，中控室有40个小屏幕和8块液晶屏组成的大屏幕。一旦隧道着火，这个监控系统则自动识别火焰和浓烟图像，并自动蜂鸣报警。

武广高速铁路

我国南北铁路交通向来十分紧张。尤其是京广铁路一直是我国最繁忙的干线之一，其中又以武汉至广州段尤为严峻，运输能力已经处于超饱和状态，运输质量难以进一步提高。到了节假日期间因增开大量旅客列车，货物列车被迫全面停开，严重制约区域经济的发展。且随着国民经济的快速发展，京广通道的客货运量逐年大幅度增长，这对铁道运输的数量和质量都提出了新的要求。

为了实现“客货分流”

2009年12月9日早上7时54分，一列试运行列车从广州南站发出，用时不到3小时抵达武汉。其间，列车跑出394千米的时速，创造两车重联（即两列高速列车头尾相连组合成的一列“重联”列车）情况下的世界高速铁路最高运营速度。这一次的试行标志着武广高铁的正式开通。

纵贯南北的京广线是我国的交通大动脉，但随着经济持续快速发展，原有京广线运输利用率已到极限，特别是武汉至广州一段，已成为京广线的瓶颈。武昌至广州间运营里程为1084千米，2002年93%以上区段通过能力利用率超过90%，50%区段通过能力利用率为100%。按“铁路双线区段能力利用率达到85%即视为运能饱和”的规定，武广段运输能力已处于全面饱和状况。

由于运能影响，春运期间京广线只能停货（车）开客（车），不仅湖北到西南和广州方向的货物运输严重受限，而且还直接影响四川、湖南及华中地区、珠江三角洲经济的发展，因此必须开辟新的铁路通道。新建武汉至广州客运专线，实现客货分线运输，是彻底解决通道运能矛盾、提高运输质量的最有效途径，于是武广高铁就这样应运而生了。

武广高速铁路于2005年6月23日开工建设，北起武汉新火车站，途经江夏、咸宁、岳阳、长沙、株洲、衡阳、郴州、韶关、清远和花都，南到番禺的广州新火车站，全长1068.6千米，途经25个车站。总投资约1166亿元，全线采用国产“和谐号”高速动车组，列车时速达350千米，行车密度可达3分钟每列。武广客运专线无论从里程还是技术标准、速度等多方面看，都是国内乃至世界最高端的铁路客运专线。

铁路发展里程碑

武广高铁线路全线基本使用无砟轨道，全程使用钢轨无缝焊接，轨道不用石块来“垫背”，铁路“咣当”声将不存在。它的建成标志着中国全面掌握了高速铁路成套技术。

武广高铁始终体现着环保和以人为本的设计理念，并且采用着众多国内外最新的先进技术。其中，拥有完全自主知识产权、能够实现时速350千米平稳运行的国产CRH3型“和谐号”动车组列车，实现了大断面车体、高速轮轨、高速受流、高速制动、人机界面等关键技术创新，其牵引系统、制动系统、高速转向架、车体空气动力学等方面技术都处于世界领先地位。这些自主技术的创新和储备，为中国铁路将来的自主发展打好了坚实的基础。

武广高铁的投入运营方便沿线群众的出行，改变当地的运输市场竞争格局，大幅提高两地人流物流的流动，提高武广两地的区域经济发展。武广高铁开通后，武汉至广州的旅行时间将由原来的10小时缩短为3小时，这不仅会缩短武广两地的列车运行时间，还将大幅缩短途径客流的旅行时间。以合肥至广州为例，最快的直达列车K311次列车运行时间为19小时，而如果人们乘坐调整后的合肥至武汉的动车组，并通过武广高铁换乘至广州，那么旅行时间将只有6小时，这对两地的客流容量的提高作用是巨大的。武广高铁每年的货运能力将达到1亿吨，客运能力可突破2000万人次，这将缓解两地人流物流的流通瓶颈，无疑为武广两地的区域经济发展拓宽了通道，提供了保障。并且，武广高铁由于其高速、舒适的特性，改变了当地的运输局面，打破了航空在商务运输领域的垄断。面对高铁的竞争，航空公司纷纷以降价的方式争夺客源，这将为出行的人们提供了新的选择。

武广高铁是中国铁路人在铁路发展必由之路上艰辛探索、实践的一项闪烁成果，是对中国铁路发展建设的一次肯定；同时，它又是中国铁路未来探索发展之路上的一块新的实验田。在这里，不仅完成了未来铁路建设发展所需的技术、经验、人才等方面的储备；同时又增强了中国铁路人在这条道路上的自信，为中国铁路的发展指明了方向。实在是中国铁路发展的里程碑。

几个关键工程

武广高铁在修建过程中有几个关键的工程是不得不介绍的，它们分别是武汉天兴洲长江大桥、浏阳河隧道、新墙河特大桥。所谓关键，一个是因为这几个工程都是武广线路中不得不修建的大桥或隧道，第二个是因为这几个工程的建造难度都是相当的高。

武汉天兴洲长江大桥：湖北武汉天兴洲长江大桥是武广客运专线的关键工程。其位于武汉长江二桥下游9.5千米处的天兴洲分汊河段上，全长11千米，正桥4.657千米。该桥是武汉市的第六座长江大桥，搭载四线铁路、双向六车道公路过江。铁路桥宽16.8米为两条高速客线和两条货运线；公路桥面宽27米，设计时速80千米。该桥荷载量达2万吨。总投资110.6亿元，设计施工首次采用41片、单片重达900吨的简支箱梁。

浏阳河隧道：湖南浏阳河隧道是武广线上的控制工程，是国内首座穿越城市、河流、高速公路的铁路隧道。该隧道位于湖南省长沙市东部，全长10.115千米，属于国内特长、特大断面隧道。隧道为客运专线双线，开挖宽度最大超过16米，开挖高度超过13米，断面积超过160平方米，平均埋深在30～50米间，是国内铁路区间隧道所少见的。浏阳河隧道是我国高速铁路隧道综合性施工难度最大、长度最长的高速铁路隧道，该工程难点多，技术含量大。

浏阳河隧道穿越市区建筑物、立交桥等市政设施，具有复杂环境条件下城市地铁隧道工程的特点。该隧道施工竖井最深达54.45米，与一般地铁施工竖井比较，提升高度和出碴能力差别很大。隧道穿越地层又多为泥岩、泥质砂岩和砂质泥岩等Ⅳ～Ⅵ级软弱围岩，除个别地段风化不均匀，地下水可能渗出外，多数围岩的渗透系数小，是良好的阻水地层，对铣挖法施工较为有利，但对大跨度断面的稳定极为不利。由于武广客运专线工期十分紧迫，必须采取多分段（即长隧短打，被4个辅助坑道辟分5段）高速度的机械化施工方式，才能满足武广客运专线总工期的要求。

新墙河特大桥：湖南新墙河特大桥也是武广客运专线全线控制性工程之一，全长4.851千米，其主桥长400米，主跨上部结构为多跨72米预应力砼连续梁结构，基础最大桩径为2.2米，最长桩深61米，采用了先进的旋挖钻机施工。新墙河特大桥主桥自2006年11月18日开工，2007年3月12日，最后一根直径为2.2米、砼为211立方米的钻孔桩顺利灌注完毕，终于抢在汛期来临之前，安全、优质、快速地完成了主桥水中墩全部基础施工，为后续施工赢得了时间。该桥是武广客运专线第一个主桥水中墩基础施工全部完成的工程。

“五纵七横”国道主干线

改革开放以来，我国经济社会快速发展，对交通运输的需求急剧增加。但我国交通运输生产力十分落后，交通基础设施总量严重不足，20世纪80年代末，全国公路通车里程102万千米，仅有200多千米高速公路，大多数交通干线和城市出入口交通严重阻塞。针对这种情况，1989年，交通部提出了建设公路主骨架的长远规划设想；1992年，正式提出国道主干线系统布局方案，得到国务院的肯定；1993年，全面部署实施“五纵七横”国道主干线系统建设。

规模宏大的高速公路项目

根据国民经济和社会发展战略部署，中华人民共和国交通部于“八五”计划期间提出了一个公路建设的发展方针和长远目标规划——“五纵七横”国道主干线工程。该规划的内容为：从1991年开始到2020年，用30年左右的时间，建成12条总长35000千米“五纵七横”国道主干线，将全国重要城市、工业中心、交通枢纽和主要陆上口岸连接起来，并连接所有100万以上人口的特大城市和绝大多数50万以上人口的中等城市，逐步形成一个与国民经济发展格局相适应、与其他运输方式相协调、主要由高等级公路（高速、一级、二级公路）组成的快速、高效、安全的国道主干线系统。

2007年12月18日，中国交通部向公众宣布，“五纵七横”国道主干线工程提前完工。“五纵七横”12条国道主干线的基本贯通，初步构筑了中国区域和省际间横连东西、纵贯南北、连接首都的国家公路骨架网络，形成了国家高速公路网的雏形。中国高速公路里程已位居世界第二位，高速公路通车里程超过4.54万千米，仅次于美国。

建成后的“五纵七横”国道主干线，在技术标准上大体以京广线为界，京广线以东地区经济发达，交通量大，以高速公路为主；以西地区交通量较小，以一、二级公路为主。

其中，“五纵”约为15590千米，由下列五条自北向南纵向高等级公路组成：

同江—三亚，长约5700千米；

北京—福州，长约2540千米；

北京—珠海，长约2310千米；

二连浩特—河口，长约3610千米；

重庆—湛江，长约1430千米。

“七横”总里程约20300千米，由以下七条自东向西横向高等级公路组成：

绥芬河—满洲里，长约1280千米；

丹东—拉萨，长约4590千米；

青岛—银川，长约1610千米；

连云港—霍尔果斯，长约3980千米；

上海—成都，长约2770千米；

上海—瑞丽，长约4900千米；

衡阳—昆明，长约1980千米。

众多精品杰作

“五纵七横”国道主干线工程，比预计时间提前了13年，可以说创造了中国公路建设史上的一个奇迹。不但如此，工程在建设中，还有很多杰出的做法和项目，都是这次大工程的精品之作。

首先，在沪宁高速公路扩建项目工程中，建设项目组是在不中断交通的情况下全线一次性地将其改建为八车道的高速公路的，开创了我国高速公路交通工程改扩建设计的一个崭新阶段。

其次，在桥梁隧道建设中，有不少值得称颂的工程。比如沪蓉线上的南京长江第三大桥，该桥全长15.6千米，为全封闭、全立交的高速公路桥，双向六车道，为国内第一座钢塔斜拉桥，也是世界上第一座弧线形钢塔斜拉桥，在2007年荣获斯塔夫斯·林德恩斯国际桥梁大奖。又如，在青银高速公路济南黄河大桥建设中，建设项目组完成了亚洲第一百米超长桩浇注。沪蓉线鄂黄长江公路大桥标志着我国大跨径预应力混凝土斜拉桥设计施工水平跃居世界先进水平行列。

隧道工程历来是交通设施建设中的难点。雪峰山隧道位于湖南省邵阳与怀化两市交界山区，是沪瑞线的重要控制工程，其地质条件非常复杂，隧道最大埋深约850米，相当于两栋上海金茂大厦。雪峰山隧道在创中国隧道施工史上罕见的“零死亡”记录的同时，创造了特长隧道贯通误差最小的世界纪录。

15年集中建设，使“五纵七横”不仅创造了一条条畅通的交通大动脉，也锻造了一支支世界一流的公路建设队伍。在15年间，以中国交通建设集团为领军的中国交通建设队伍在实践中培养了大批管理和技术人才，积累了丰富的管理和施工经验。2007年，中国交通建设集团在“中国企业500强”中名列第二十七位，并跻身ENR（中文译名为《工程新闻记录》，是全球工程建设领域最权威的学术杂志）全球最大225家承包商前10名，在国际舞台上创造了诸多的“第一”和“之最”。

巨大的经济效益

国道主干线系统有效支撑了国民经济平稳快速发展。服务国民经济和社会发展全局是交通工作的总任务。“五纵七横”国道主干线系统的建设、运营和维护，通过投资的需求效应直接拉动了经济增长，改善了运输条件，提高了运输效率，也为社会经济发展提供了必备条件。

国道主干线系统建成后，以占全国2%的公路里程承担了占全国20%以上的交通量，在大城市间、省际间、区域间形成400～500千米当日往返、800～1000千米当日直达的现代化高等级公路网络，并将带来相当可观的经济效益。每年可节省以前全国公路运输柴油消耗量的十分之一，降低运输成本和减少客货在途时间所带来的直接效益达400～500亿元，间接效益达2000亿元以上。

国道主干线系统促进了产业结构优化升级和经济发展方式转变。国道主干线系统建立了地区之间联系的快速通道，成为引导产业空间布局优化的主轴线，推动了以分工和专业化为基础的相关产业的空间集聚，促进了产业链条的延伸和生产环节的跨区域配置。

国道主干线系统加强了城乡统筹和区域协调发展。国道主干线系统打通了城乡交流和生产要素跨区域配置的通道，加速了产业转移和技术扩散，促进了区域公平和基本公共服务的均等化，为消除贫困、缩小城乡差距和带动欠发达地区发展奠定了基础。

国道主干线系统优化了投资和发展环境，便利了对外贸易，为参与国际竞争奠定了基础。以高速公路为主体的国道主干线系统建设，对我国土地资源的集约有效利用、减少对环境的影响发挥了重要作用。它显著改善了运输条件和投资环境，显著改善了旅客出行条件，对生活方式的转变和人民生活质量的提高起到了重要推动作用。

国道主干线的建成，给社会带来了巨大的经济效益，不过就目前，我国公路交通仍然面临着新的挑战：国民经济持续快速增长带来的公路客货运输需求总量仍将不断扩大，汽车保有量增长依然强劲，广大人民群众对交通运输的需求仍在不断提升，而公路交通供给能力的增长则日益受到土地、环境、资金等因素的制约。

所以，国道主干线系统的全面贯通成为了我国公路交通发展的新起点。在“五纵七横”国道主干线规划建设的基础上，国家将继续落实和发展高速公路网的规划和建设

沪蓉西高速公路

沪蓉西高速公路是原国家规划建设的“791”高速公路网东西干线上海至成都公路的重要组成部分，现为国家高速公路网沪渝高速公路组成部分，已于2009年建成通车，是我国东中西部地区连接重庆、成都等西南大城市的重要快速通道。它的建设，对完善我国公路网布局，沟通东西部交通，促进区域和湖北社会经济的发展，支持国家西部大开发战略的实施将起到重要作用。

世界上最难建的高速公路

2009年，全长320千米的沪蓉西高速公路建成通车。它从筹备到建成，历时7年，是沪渝高速公路最后建成的一段。其项目总投资及千米造价均创湖北高速公路建设项目之最，所需钢材30万吨，总投资达204亿元人民币。沪蓉西高速公路在建设过程中攻克了一批中国山区高速公路建设技术难题，探索出了一套复杂山区高速公路建设管理经验。

地处鄂西高原的沪蓉西高速公路穿越14座高山，跨越13道深谷。沿途地形地质极其复杂，存在滑坡、岩堆、危岩体、地下暗河、崩塌、顺层滑坡、断裂带与冲积扇等各种不良地质情况，被称为“集中国地质病害之大成”“地质病害百科全书”。工程施工条件极其艰难，如施工用水困难，天然砂稀缺，施工场地狭窄，大件设备、材料运输困难等。

沪蓉西高速公路工程技术复杂，桥隧里程占总长的一半以上，尤其是高墩大跨桥梁和特长隧道群众多，创下多个世界之最。其中，马水河特大桥，8个主墩中有6个高度达百米以上，以主跨200米、墩高142米、集薄壁双肢空心墩，连续6个百米以上的高墩而堪称“百米高墩群T型刚构桥型世界之最”；龙潭河特大桥墩高178米，位列同类桥型世界第一；四渡河特大桥跨径900米，桥面与地面高差560米，为世界第一高桥；魏家洲特大桥、支井河特大桥等工程难度属世界罕见。可以说沪蓉西高速公路是迄今国内工程规模最大、建设周期最长、地质最为复杂、施工最为艰难的高速公路，堪称世界最难的高速公路建设项目。

东西部千里大通道

湖北沪蓉西高速公路作为沪蓉国道主干线的重要组成部分，也是湖北省高等级公路网“五纵三横一环”的重要组成部分，是我国东中部地区连接重庆、成都等大城市通往大西南的重要快速通道。高速公路沿途经过宜昌市所属的宜都市、长阳县；恩施州所属的巴东县、建始县、恩施市、利川市。路线经过的主要控制点渔洋溪、白氏坪、高家堰、贺家坪、堡镇、榔坪、野三关、高坪、红岩寺、崔坝、吉心店、耿家岩、白果坝、龙潭坝、青龙嘴、凉雾山、清江源、鱼泉口等。全线均跨越清江水系。

项目建成后，湖北省形成以武汉为中心，以京港澳和沪渝州两条高速公路为主轴，连接湖北“大三角”经济区和周边省会城市的高速公路网络。同时把中国较发达的沿海东部地区、经济正在蓬勃发展的中部地区以及正在实施“西部大开发”的西部地区有机地结合在一起，成为我国东西部交通命脉和经济纽带。

因此，沪蓉西高速公路的建设，对于完善国家和湖北省主骨架公路网布局，沟通我国东中西部交通，促进区域和湖北省社会发展，支持国家西部大开发战略的实施将起到十分重要的作用。

高速，原来如此美丽

假如你有机会驾车行驶在沪蓉西高速公路上，那么你就有机会将沿途鄂西旖旎风光尽收眼底。因地造势，路景相伴，安全、舒适、快捷的通途，一定会带给你一次难忘的行车体验。

沪蓉西所经过的地方基本上是原来人迹罕至的山区。这里的人文和自然风光都是原生态的。如途经的恩施这个地方，山清水秀，森林覆盖率达到了60%以上，素有“鄂西林海”之称。还有苗家少数民族聚居地，其人文景观应该怎样保护，都是建设者面临的重要课题。

早在规划建设的时候，工程指挥部就确定了一系列的环保目标，力求在修路的同时，不让这里的环境受到破坏。

在设计上，工程指挥部充分结合鄂西南山区的地形、地貌、地质、水文、气候、植被等特点，引入地质、地形、环保选线以及动态设计、信息化设计的理念，首次采用半路半桥方式构筑公路路基，避免对山体大开大挖，尽量减少施工对绿地的破坏。

项目建设至长挖方地段，按照大多数高速公路建设的做法，都是继续使用防撞钢护栏板，但沪蓉西在建设时却结合现场的山地特点，在一些挖方地段通过改造边沟地形和植被防护，取消护栏板，在保持高速公路封闭性的同时，既体现了环保和人性化，又节约了钢材。沿途的原始地貌和生态植被最大限度地被保留下来。连施工中形成的大水坑，也在精心“装扮”后摇身一变成了令人赏心悦目的池塘。

边坡通常是高速公路绿化的难点。一般高速公路对边坡均进行工程防护，要么砌上厚厚的水泥墙，要么拉上结实的铁丝网，看上去单调、冰冷。宜长试验段在边坡绿化上，则采用了边坡生态防护施工技术。施工者首先在石质和膨胀土边坡上打锚杆，挂上双层镀锌铁丝网，然后进行“客土喷播”，用高压枪将客土和草木种子打附到坡上铁丝网内，再将肥料喷上去。这项技术的运用，使得边坡完全被植被覆盖，既稳固了边坡，又美化了环境。他们还在边坡播草中加入一些野花组合，地毯式的绿色边坡面上点缀成片野花，使边坡呈现出姹紫嫣红的瑰丽景象。

野生动植物成为建设者们呵护的精灵。宜长段大溪水库处的杜仲、贺家坪柏树包的篦子三尖杉、钟家老屋的百年古樟树等，均是受保护植物。在选线中，设计者尽量避绕，万一不能避绕的就移栽保活。施工中设临时挡渣墙、标示牌、围栏等进行综合保护。支井河、野三河等工区发现有动物活动的踪迹，为使它们免受惊吓，两个工区将爆破等施工作业一律放在白天进行。

沪蓉西高速公路途经湖北省土家族、苗族等少数民族聚居的地区，沿线林木茂密，自然环境优美。建设者充分利用沿线独特的人文环境和自然景观资源，进行环保选线。工程建设后期，建设者还在桥头、隧道口、服务区、互通道、监控所兴建雕塑、浮雕和广场、展览馆等，再现风情万种的土苗文化，把路和文化结合起来。

建设者在环保上花费的大工夫，使得公路在建成之后化身为一条美丽的绿色通道，行驶其中，恍如游在画中。让人不禁惊叹，原来高速公路也可以如此美丽！

港珠澳大桥

因为港珠澳三方在协作上存在诸多问题，港珠澳大桥从构想到施工，搁浅了两次，耗费了25年的时间。近年来随着珠三角经济实力的增强，影响力格局的变迁，三方终于在2008年敲定了融资比例，决定合三地之力共建一座桥。相信未来，港珠澳大桥在促进香港、澳门和珠江三角洲西岸地区经济上的进一步发展将具重要的策略意义。

三地共建一桥

港珠澳大桥是连接香港、珠海和澳门的特大型桥梁隧道结合工程，横跨珠江口伶仃洋海域。港珠澳大桥项目研究始于2004年，当时工程方案已基本确定。根据《港珠澳大桥工程可行性报告》推荐路线，东岸起点位于香港大屿山石散石湾，跨海到达分离设置的珠海及澳门口岸区，往珠海方向则通过隧道穿越拱北建成区域，与京港澳高速公路连接。

大桥建设内容主要有：海中桥隧工程（包括海中桥隧主体工程、香港口岸与大桥的连接立交桥；澳门口岸与大桥的连接桥；珠海口岸与大桥的连接桥）、香港口岸人工岛填海及口岸设施、澳门口岸人工岛填海及口岸设施、珠海口岸人工岛填海及口岸设施、珠海侧接线。

其中主体工程总长约35千米，采用桥隧组合方案，共设6处通航孔。伶仃西和铜鼓航道处采用长6.753千米的海底隧道，与桥梁相接处修建两个各1平方千米的人工岛，青州航道桥采用460米双塔斜拉桥，江海直达船航道采用两跨220米连续刚构桥，九洲航道桥采用单跨250米连续刚构桥，非通航孔采用70米连续梁桥。车辆驶上大桥，在海面上通过人工岛进入海底隧道，再从另一个人工岛驶出，重新上桥。

海中桥隧为设计速度每小时100千米的双向六车道高速公路标准，桥面宽33.1米；珠海侧连接线13.89千米，采用设计速度为每小时80千米的双向六车道高速公路标准；口岸与大桥设连接匝道桥，设计速度为每小时40～60千米。

港珠澳大桥主体建造工程于2009年12月15日开工建设，计划于2015至2016年完成，方案估算总投资为726.67亿元人民币，上报批准收费50年，估计要36年半才能收回成本。其中海中桥隧主体工程含息总投资为385.4亿元；海中工程香港段含息总投资60.6亿元；香港口岸填海及口岸设施含息投资87.2亿元；澳门口岸填海及口岸设施含息投资61.7亿元；珠海口岸填海及口岸设施含息投资71.8亿元；珠海侧连接线含息投资60.1亿元。根据港珠澳三方协议，大桥连接线将由各方自行负责。其中珠海侧连接线长约13.89千米，终点连接广珠西线。经评估效益后，香港、珠海和澳门应按三地效益的比例是57.8%、32.6%和9.6%，大桥建造费用按照这个比例进行分摊。因三地同意自费兴建连接道路，大桥主体费用比例调整至50.2%、35.1%和14.7%。

大桥建成后，由香港开车至珠海及澳门，将从4至5小时缩短到约20分钟。预计到2035年，港珠澳大桥每日车流量会有五六万架次，过境人流量有23万至25万人次。

25年的博弈

1983年，时任合和实业主席、人称“桥王”的香港富商胡应湘，率先提出兴建连接香港与珠海的伶仃洋大桥的大胆方案。胡应湘认为当时内地百废待兴，大桥可以带来庞大的发展机遇。但由于当时中英双方正就解决香港主权问题在谈判，方案提出后并没收到多少回应。后来，珠海方面曾经重提修桥一事，希望以此改变珠江西岸与香港交通联系薄弱的现状，带动珠海经济发展，造桥热情逐渐升温。1989年，珠海市第一次公布拟建伶仃洋大桥的计划。1993年，珠海方面提出具体方案。为了平衡澳门的利益，期间胡应湘与中山大学教授郑天祥都提出了建设“一桥通三地”的“港珠澳大桥”方案。

1997年，伶仃洋大桥项目获国务院批准立项。根据工程可行性研究报告，项目动态总投资估算为160.37亿元人民币。据称，珠海市还设立了建桥指挥部，并且动工修了一小段。然而，开工不久，香港及澳门方面都表示失去兴趣。当时的港英政府引用英美顾问公司的报告，表示要到2020年才有这个需求，香港商界中以李嘉诚、霍英东为代表的航运派也明确表示反对修桥；澳门则担心桥位离其太远，有使其“边缘化”之嫌，于是方案最终被搁置。

可是，随着以广州、深圳、珠海为龙头的城市群的形成和珠江东岸的崛起，香港的领先优势逐年缩小。2001年4月，广东省副省长欧广源在香港某高层会议上，抛出的广东要建深圳到珠海的“隧道计划”，让香港大惊：原来香港并不是修桥的必备一方，广东可以撇开香港修桥。从此香港各界开始对造桥重新升温。到2002年，胡应湘再次提出兴建港珠澳大桥的计划，立刻得到了香港特区前特首董建华的明确支持。时任国务院总理的朱镕基也代表中央首次明确表示支持。2003年8月，粤港澳三地政府成立港珠澳大桥前期工作协调小组，正式展开工程筹划工作。

不过，这一次轮到广东方面的态度不积极了，造桥再次出现搁浅的局面，只不过这次利害双方颠倒了过来。搁浅的原因主要围绕着几个问题：首先，桥的名字是叫“港珠澳大桥”，还是“粤港澳大桥”；另外，是建“双Y”（即一桥连接港深珠澳四地）还是“单Y”（即一桥连接港珠澳三地），还有深中大桥（连接深圳和中山以抗衡港珠澳大桥）是否该建等。而且香港十分精明，在融资方案上始终不愿多让，这也是导致方案再次搁浅的原因。

三地如此讨价还价，项目一拖再拖，中央不得不进入协调。2006年底，由国家发改委、国务院港澳办、交通部牵头成立了大桥专责小组，揭露了大桥为三地带来经济效益的比例，并以此为参照制定三地政府对大桥主体融资承担的分摊比例。直到2008年2月28日，三方才敲定融资比例，这场长达25年的博弈终于找到了一个利益平衡点。

东、西人工岛

港珠澳大桥是一个桥、岛、隧一体化的集群工程项目。项目拟在海中建设两个人工岛，其间用隧道连接。这两个人工岛又通过桥梁与香港、澳门、珠海相连。其中岛隧工程是整个大桥最核心、最关键的工程。

按照规划，东、西两个隧道人工岛长度均为625米，最宽处分别为183米、225米，采用蚝贝外形。东、西两个人工岛的内侧，将通过6千米长的海底沉管隧道进行连接，外侧与内陆通过桥梁进行连接，东边延伸到香港，西边延伸到珠海和澳门，整个大桥的建设中有多个节点，东、西两个人工岛可以说是完成了这座大桥建设中的首个节点。东西人工岛建成后，主要在交通上起到桥隧转换作用，并为海底隧道通风。岛上将建设停车场、商场、观景平台等配套设施。

港珠澳大桥人工岛采用圆柱钢筒围海的方法造岛。圆柱形的钢圆筒振沉后，筒壁之间不能紧密闭合，要用两片钢板（副格）把钢圆筒“夹起来”，形成长扇贝形的围合岛壁，在海面上形成一个稳固的止水区域，再抽水、填沙成岛。采用圆钢筒造岛大大缩短了工期，如果使用常规技术，建这样的两个人工岛起码要1年半，而采用圆钢筒造岛，东、西人工岛成岛仅用了7个月。

采用圆柱钢筒围海造岛，围合的钢筒结构可以保证高可靠性止水，岛上主体施工由水上作业转为“陆上”作业。东、西两个人工岛共用了120个直径22米、单体重约500吨的钢圆筒，并使用了242片副格振沉。根据海床地质情况，每个圆筒的高度为40.5米至50.5米不等，设计垂直精度偏差为200分之一，在人工岛岛壁结构施工中创下了钢圆筒筒体量、高度垂直精度，万吨轮运载等多项世界纪录，其中施工工法和八锤联动液压振动锤为世界首创。

同时，这种造岛方法既避免了传统大挖大埋对环境的污染和破坏，减小对航道通航的影响，还对保护海域内的白海豚有重要意义。

大飞机工程落户上海

2005年2月，中国科技促进发展研究中心“航空产业发展战略研究”课题组金履忠、胡溪涛等6位专家，在给国务院的一份报告中提出建议，将自主研制大型民机放在上海。理由是上海地理位置优越，工业科技力量雄厚，还拥有自主研制“运十”和中美合作生产麦道90飞机的基础，“十五”时期又是自主研发新一代支线飞机的基地。3年后，这份建议变为了现实，大飞机项目正式落户上海临港新城。如果各项工作进展顺利，预计到2020年前，我国自己研制的大型飞机将飞上蓝天，实现中国人民的又一强国之梦。

为了大飞机，成立中国商飞

所谓大飞机一般是指起飞总重超过100吨的运输类飞机，包括军用、民用大型运输机，也包括150座以上的干线客机。目前世界上只有美国、俄罗斯、欧盟能够制造大飞机。

今天大型客机市场基本上被波音和空客瓜分了，而我国只能在全球民机制造业中充当转包商的角色。不过即使是转包业务，我国的产业规模也不到日本的10%。转包不强、整机更弱的局面正是当今中国民用航空工业的现状。

要壮大和发展航空工业，中国航空制造业一方面需要进行资源整合，即把分散在各个飞机制造企业（集团）的资源进行专业化整合，另一方面要按照产业链进行切分，把制造和总装分离经营。

为了民机产业能够实现制造与研发总装资产的分离，中国商用飞机有限公司（以下简称中国商飞）于2008年5月11日成立，公司将负责国产客机的研发、总装、营销与售后服务环节，成为大飞机项目的责任主体。中国商飞的成立，标志着我国民机制造业实现了研发总装同制造环节的分离，迈出了体制改革的重要一步。

总投入2000亿元，堪比三峡

中国大飞机项目于2007年正式立项，2008年5月，中国商飞的挂牌成立，标志着中国的“大飞机”研制工作进入实质性阶段，并且国产大飞机的首个型号已正式命名为C919。

按计划，国产大飞机C919将在2014年首飞，2016年交付航线使用。中国制造的大型飞机要在2014年首飞，时间非常紧迫，因此前期的投入很关键。大飞机项目最终投放市场，相关投入总体上将达到2000亿元。这相当于三峡工程的总投资。

面对这么巨大的资金使用和牵涉甚广的上下游产业招标投标，大飞机项目在立项之初就制定了一系列规章制度对其进行监管。

对供应商，工程是用招标择优选择的方法，在保证技术性能先进性的前提下，其成本控制能力和资信状况作为择优的重要因素，只有具备很好的控制能力和资信能力才能作为大飞机项目的供应商。招标过程完了之后，除了在财务上的成本控制之外，纪检监察内部还有一个效能监察控制。全方位、全程的跟踪供应情况，一直到项目的完成。

中国商飞公司内部实行成本工程，进行全员、全要素、全过程的控制管理。此外，中国商飞还对所属单位实行总会计师派出制，从制度上加强管理，确保整个成本收控到位。

中国商飞公司在成立之后4个月之内，关于资金监管使用的规章制度就出台了22项之多，并对大型客机和ARJ21（ARJ21是中国大陆第一次完全自主设计并制造的支线飞机）新支线飞机重大科研项目和重大建设工程的招标进行全程监督，从源头上、从制度上保障了国家投资不会被挪用和浪费。

目前，大飞机项目不考虑外资。中国商飞公司的最大股东为国务院国资委，出资60亿元，持股31%左右；上海市政府投资成立的国盛集团出资50亿元，占股26%；其余股东为中国航空、宝钢、中国铝业、中化等大型国企。在前三年投入的300亿元科研资金中，国家的投入在整个概算里不到三分之一，其余部分需要集中社会各方面的资金投入。

目前，中国国产大飞机C919已经完成初步设计方案。不过初步设计方案的完成只是第一步，国产大飞机仍然面临多项关键技术的突破，包括最为关键的发动机技术、先进复合材料技术等等。

让工业之花盛开

据国际航联统计，每向航空工业投入1美元，将拉动60多个行业的关联产出8美元。大型客机是目前世界上最为复杂、技术含量最高的产品，技术扩散率高达60%以上，因为能够拉动众多高新技术产业发展，而被誉为“工业之花”。大型飞机项目落户上海，对于带动上海地区航空产业发展，打造航空产业基地具有十分重要的作用，未来将形成民用飞机设计集成、总装制造、客户服务、航空运营、金融租赁、维修改装、转包生产等较为完善的业务链和产业链。

如今，已经争取到大飞机项目的上海，已经开始了大飞机产业的谋篇布局，大规模的民用航空制造业版图已经在上海的浦东、张江、大场、闵行紫竹园区徐徐展开。

2009年2月26日，一个全新的设计研发中心在浦东的张江正式开工建设，总体规划建筑面积近50万平方米，可容纳3000名员工在中心工作。这个设计研发中心，主要就是负责大型客机、支线飞机的研制和民用飞机相关设计技术的研究。

同期，上海飞机制造厂也正式由工厂制企业转型为公司制企业，将承担起国产ARJ21新支线飞机和大型客机的总装制造任务。为了大飞机项目的总装工作，上海飞机制造厂还与三所著名高校合作建立了复合材料、制造工艺和装配技术中心，为大飞机制造做好技术储备。

在更早的时候，大飞机的客服中心已经落户闵行紫竹院，至此，大飞机项目已经全部完成了在上海“总部基地和三大中心”的规划。

而由中航工业集团有限公司和上海市的两家企业上海电气（集团）总公司和上海国盛（集团）有限公司共同投资在上海成立的中航商用飞机发动机有限责任公司，更是使上海肩负起研发飞机制造业中最尖端技术的任务。

除了飞机本身的研发和制造之外，大飞机的研制还涵盖了机械、电子、材料、冶金、仪器仪表、化工等几乎所有的工业门类，相当于是对一个国家基础工业的“集体考试”。大型飞机技术的突破，将会带动一批新产业的发展。如果大飞机研制成功，其意义并不亚于“两弹一星”，也不亚于载人航天飞机。

因而对上海来说，大飞机工程并不仅仅是获得了一个令全世界瞩目的“大项目”，更重要的是，具有强烈辐射能力的大飞机项目，将直接带动上海的产业结构升级。

首都国际机场T3航站楼

随着中国经济的快速增长，中国飞机乘客的数量已经从20世纪80年代中期的几百万人增长到现在的1.85亿人。按照这个增长速度，到2020年，中国97%的机场都将重建。为了迎接奥运，北京首都国际机场重建了3号航站楼（T3），它是目前世界上最大的单体建筑，也是我国目前投资建设的最大机场。工程总投资250亿元，历时近4年建成，2008年奥运期间正式投入运营。面对这一现代化巨型建筑，英国建筑大师、北京首都国际机场T3航站楼的设计者诺曼·福斯特如是说："欧洲的城市化过程用了200多年，中国只用了20年。"

世界最大单体建筑

作为北京2008年奥运会重点项目工程，首都国际机场T3航站楼2004年开工，2008年建成。建成后的T3航站楼总体建筑面积约100万平方米，相当于160个足球场那么大，堪称世界上最大的写字楼。北京首都机场T3航站楼的规模，是英国希思罗机场5号航站楼的两倍，但在筹划和兴建上，只花了5号航站楼一半的费用，以及不到1/3的时间。

北京首都国际机场T3航站楼由T3A、T3B、T3C、T3D、T3E航站楼和楼前交通系统组成。T3主楼地面五层和地下两层，一层为行李处理大厅、远机位候机大厅、国内国际VIP；二层是旅客到达大厅、行李提取大厅、捷运站台；三层为国内旅客出港大厅；四层为办票、餐饮大厅；五层为餐饮。T3C（国内候机区）和T3E（国际候机区）呈"人"字形对称，在南北方向上遥相呼应，中间由红色钢结构的T3D航站楼相连接。

交通中心（GTC）位于T3航站楼前，地下有两层停车场，总面积达34万平方米，设停车位7000个。旅客从停车场下车后，乘坐电梯可直达候机楼内，避免了携带行李上下奔走之苦。地上有通往东直门轻轨交通车站，建筑面积4.5万平方米。这一椭圆形玻璃壳体结构不但是机场一道亮丽的风景，而且还为旅客带来便利。旅客可从城内乘坐轻轨交通直到航站楼。第二机场高速路、李天高速路、机场北线高速路、机场轨道交通等场外配套工程的建设，都为旅客从城内来往首都机场提供了方便通道。

T3航站楼新增机位99个。新建的一条长3800米、宽60米的跑道，能让世界上最大的飞机空客A380顺利起降。根据设计能力，到2015年，首都机场将实现满足年旅客吞吐量8200万人次的目标。机场新航站区采用监视雷达对飞机的运行状态进行跟踪监视，为每架到港、离港的飞机设定滑行路线，然后通过单灯控制的滑行道灯光系统，自动引导地面飞机安全滑行，大大提高机场运行效率。新机场还配备了世界上最先进的三类精密自动飞机引导系统，这是我国目前最先进的起降导航系统，在很低的能见度下仍可实行飞机起降，因天气原因发生航班延误的现象大大减少。

巨型中国龙

北京首都国际机场T3航站楼的设计方案出自英国建筑大师诺曼·福斯特之手。从空中俯视，T3航站楼犹如一条巨龙，形成了充满整体动感的建筑体量。这种完整的建筑格局无论是在室内还是室外，都形成令人震撼的出行体验。

整个3号航站楼工程可以看成为“龙吐碧珠”“龙身”“龙脊”“龙鳞”“龙须”五部分。

“龙吐碧珠”指的是旅客进出的“集散地”，即交通中心。

“龙身”是扩建工程的主体。作为“龙身”的T3航站楼建筑面积42.8万平方米，南北向长2900米，宽790米，建筑高度45米。

“龙脊”指的是主楼双曲穹拱形屋顶，这也是整个T3工程中最为壮观的地方。这里的钢网架由红、橙、橘红、黄色等12种色彩起伏渐变而成，如同彩色云霞托起腾飞的巨龙。

“龙鳞”是屋顶上正三角形的天窗，从远处看，犹如巨龙身上的鳞片。“龙鳞”天窗可以自然采光，国内机场首次运用这样的技术。航站楼天花板上有155个这样的采光天窗，能让阳光洒向大厅的每个角落。

“龙须”是四通八达的交通网。设计师利用了本次扩建工程中同步配套投资建设的进场交通工程，包括三条高速公路、一条轻轨和一条地方路改造。

T3航站楼不仅建筑外形在时尚元素中融入中国古典意象，内部景观更是彰显文明古国源远流长的历史。旅客步入T3值机大厅，迎面即是《紫微辰恒》雕塑，它的原型是我国古代伟大科学家张衡享誉世界的发明“浑天仪”，精巧逼真；国内进出港大厅摆放了4口大缸，名为《门海吉祥》，形似紫禁城太和殿两侧的铜缸；二层中轴线上，摆放了形似九龙壁的汉白玉制品——《九龙献瑞》，东、西两侧是“曲苑风荷”和“高山流水”两个别致的休息区。

T3国际区的园林建筑是3号航站楼景观的另一大亮点：15000平方米的免税购物区以“御泉垂虹”喷泉景观为核心，东、西两侧是“御园谐趣”“吴门烟雨”皇家园林；国际进出港区还设有两个巨幅屏风壁画——《清明上河图》和《长城万里图》。旅客置身航站楼，犹如畅游一座满是稀世珍宝的艺术博物馆，相信过往旅客都会收获一份身心的愉悦与享受。

充满了人文关怀

T3航站楼内部的服务设施充满了人文关怀，人性化功能随处可见。T3航站楼的文化景观除了发扬了中国传统艺术文化外，其实还具有坐标定位功能。T3著名的“彩霞屋顶”，密布的条纹由红色向橘黄色渐变，始终指向南北，这样旅客在航站楼内就不会担心迷路了。此外，3号航站楼在功能设计上，也充分考虑到弱势群体及特殊旅客的需要。温馨周到的母婴室；玩具、动画片一应俱全的儿童活动区；环保设计的吸烟室告别了烟雾缭绕的环境；无障碍设施则使残障旅客深切体会到首都机场对他们无微不至的关怀。

T3航站楼采用的多楼连通的旅客捷运系统（APM），是一套无人驾驶的全自动旅客运输系统。APM系统的全程共有3个车站，分别设置在T3C、T3D、T3E，行车路线单程长2080米，最大发车间隔为3分钟，高峰小时单向运送旅客可达4227名。APM站台使用玻璃幕墙阻挡旅客进入轨道区域，只有在列车到站后，车门和站台门同时打开时，旅客方可进入车厢。为防止进出港旅客混流，系统采用单侧开门的方式，待进、出港旅客全部下车后，再打开另一侧的车门和站台门，供出、进港旅客上车。

T3航站楼行李系统采用国际最先进的自动分拣和高速传输系统，行李处理系统由出港、中转、进港行李处理系统和行李空筐回送系统、早交行李存储系统成，覆盖了T3C、T3E及连接T3C与T3E行李隧道的相应区域，占地面积约12万平方米，总长度约70千米。航空公司只要将行李运到分拣口，系统只需要4.5分钟就可以将这些李传送到行李提取转盘，大大减少旅客等待提取行李的时间。

T3航站楼是高度信息化的航站楼。其航显屏一共有1600多块，是1号、2号航站楼总和的两倍还多，其灵活性也得到了很大提升，为航空公司提供了一个可以实现其个性化服务的平台，登机口的工作人员可以在指定航显屏上自行发布一些临时消息，比如大面积航班延误时利用此平台告知旅客一些餐食安排、天气情况等；T3航站楼将实现无线网络全覆盖，旅客在T3航站楼可以随时随地“网上冲浪”；航空公司可以在旅客高峰期，增加移动值机业务，这是对航站楼固定资源的有力补充；餐饮、零售可以应用无线网络推出无线零售等高服务品质的业务。

上海环球金融中心

上海环球金融中心位于浦东陆家嘴金融贸易区核心地带，是以办公为主，集商贸、宾馆、观光、会议等设施于一体的综合型大厦。环球金融中心是联合中外等40多家企业投资兴建的项目，总投资额超过10亿美元。

世界最高观景天台

上海环球金融中心原设计高460米，工程占地3万平方米，总建筑面积达38.16万平方米。1997年年初，上海环球金融中心开工后，因受亚洲金融危机影响，工程曾一度停工，2003年2月工程复工。当时中国台北和香港都已在建480米高的摩天大厦，超过环球金融中心的原设计高度。由于对兴建世界第一高楼的初衷不变，因而建筑方对原设计方案进行了修改。修改后的环球金融中心比原来增加7层，即达到地上101层，地下3层。从而使总高度达到492米，但以美国权威建筑机构高层建筑与城市住宅协会所订定的高度计算而言，这个高度仍低于已建成的台北101大楼（总高509.2米），对此相关部门指出，台北101的高度包括60米尖塔在内，就实体高度（大厦屋顶）而言，环球金融中心仍属世界第一，但又由于复工后其工程速度已不如阿拉伯联合酋长国的迪拜塔工程，直至被超越，至此计划定位为中国大陆第一高楼与世界第三高楼。

大楼楼层规划为地下2楼至地上3楼是商场，3～5楼是会议设施，7～77楼为办公室，其中有两个空中门厅，分别在28～29楼及52～53楼，79～93楼是酒店，将由凯悦集团负责管理。90楼设有两台风阻尼器，94～100楼为观光、观景设施，共有三个观景台，其中94楼为“观光大厅”，是一个约700

平方米的展览场地及观景台，可举行不同类型的展览活动，97楼为“观光天桥”，在第100层又设计了一个最高的“观光天阁”，长约55米，距地面垂直高度472米，超越加拿大国家电视塔的观景台，超过迪拜塔观景台（地上440米），成为世界最高的观景台。

在美国高层建筑与城市住宅协会公布的2008年高层建筑排行榜，环球金融中心在“最高使用楼层高度”和“最高楼顶高度”两项中位居全球第一。

多项世界领先

上海环球金融中心采用自行开发研制的整体提升钢平台模板体系和进口的液压自动爬模体系。运用这些先进的工艺和技术，创出了塔楼核心筒和巨型柱施工的世界先进水平。例如，在上海环球金融中心施工中，曾经刷新了一次连续40个小时浇筑主楼底板3万余立方混凝土的国内房建领域新纪录和混凝土一次泵送至492米高空的世界纪录。

上海环球金融中心吊装中采用的2台M900D塔吊，是目前国内房建领域中起重量最大、高度可达500米的巨型变臂塔吊，塔吊总重量达225.4吨。大厦封顶后，该塔吊将在500米高空拆卸，这在世界范围内尚无先例。

为提高遭遇强风时大厦酒店和办公人员使用环境的舒适性，上海环球金融中心在90层安装了2台用来抑制建筑物由于强风引起摇晃的风阻尼器，这是中国大陆地区首座使用风阻尼器装置的超高层建筑。该装置通过使用传感器，能够探测强风时建筑物的摇晃程度，抑制建筑物的摇晃。

此外，上海环球金融中心创出的施工“之最”还有：国内首次运用工程质量远程验收系统，在办公室轻点鼠标，小至钢结构焊缝都能清晰可见；国内首次采用预制组合立管技术，均在外加工成型后分段整体吊装，在楼板钢结构安装完成后安装预制组合立管，随结构同步攀升；国内首次在450米的垂直竖井内进行电缆敷设；采用国内少见的工厂拼装、现场预留管口对接的整体卫生间施工工艺，使安装和拆卸非常方便；采用10米/秒的世界上最快的双轿厢电梯等等。

打造国际金融中心

和上海环球金融中心创造中国内地在用建筑的新高度一样，上海在加快金融中心建设方面也同样不遗余力，并同时在硬件和软件上不断加以完善。上海仅在浦东，就拥有上海证券交易所、上海期货交易所、上海金融期货交易所等三家具有全球影响的金融市场机构，积聚了上海石油交易所、上海联合产权交易所等金融要素市场机构，上海外汇交易中心、上海黄金交易所等市场机构的业务部门也集聚在此。市场的齐备吸引了众多金融机构，目前浦东已有515家金融机构，其中包括56家外资银行。

上海环球金融中心建成之后，更像一块强有力的“磁石”，具有磁引力，能形成磁流，产生磁影响，指引前进的方向。这里吸引着兼具成长意识和变革魄力的引导世界潮流的专业人士，他们在这里相聚相会、沟通交流、运用最新信息，产生通向未来的新价值和可能。

磁石周围无形的磁场形成“磁流”。信息与金融两大潮流于此汇合分流。经济与文化、东方与西方、知识与潜能等多种“磁流”在此相遇、交汇，促成积极的对话，形成推动时代发展的新潮流。

磁石会对周围产生磁影响。上海环球金融中心是一座能吸引全球权威人士汇聚于此，启迪无限智慧，孕育多样文化的“城市”，形成一股向周边发散的影响力。

磁石也可以作为指南针指引前进的方向。在这里诞生的磁力，可以为上海、中国、亚洲乃至全世界，指引一条更加美好的未来之路。这就是上海环球金融中心的追求。

海南电网跨海工程

海南电网跨海工程又称海南联网工程，是我国第一个500千伏超高压、长距离和较大容量的跨海联网工程。工程于2009年建成投产，依托该工程，南方电网主网得以穿越琼州海峡与海南电网连接，能有效提高海南电网供电的可靠性、稳定性，有利于充分发挥南方大电网的优势，调剂海南、广东等五省（区）电力余缺，对实现区域资源优化配置，促进经济、社会共同繁荣和可持续发展具有重要意义。

从无到有，从弱到强

说到电力资源，海南岛因其孤悬海外地理位置特殊，电力供应一直靠岛上自己生产，封闭运行，相当落后。海南电网原来只有220千伏主网架，年售电量不足百亿千瓦时，被业界喻为中国最小的省级电网公司。再加上在海南，台风多、雷暴多，严重威胁着电网的安全，而电力安全又严重威胁到海南省的发展。海南人深知只有融入全国大电网之中，才能从根本上解决海南电网孤立运行的状态。

2002年底，中国南方电网公司成立，其经营范围为南方五省（广东、广西、云南、贵州、海南）的电力投资建设和经营管理。2004年，海南电网加入南方电网。海南电网从此由地方军变为中央军，其发展也迎来了新的机遇。

加入南方电网以来，海南电网公司把加快电网建设当成“头号任务”。2006年，海南电网吸取“达维”台风的经验教训（在2005年10月的“达维”台风中，海南电网遭遇重创，引发全省停电），在南方电网的技术支持下，完成了“海南电网台风期间运行方案研究”项目。这是省级电网企业在国内首次全面、系统、深入地研究电网防风课题，编制了多套台风袭击时电网的运行方式，为打造海岛特色电网提供应急防范措施，为国内同行提供了海岛“样本”。

2007年2月1日，海南电网跨海工程正式动工，这标志着海南电网将全面融入全国性大电网的怀抱，与大网同步运行。

2009年，海南省政府与南方电网公司签订了《加快海南电网建设战略合作框架协议》，南方电网公司在未来3年内投资100亿元建设海南电网，重点改造和完善海口、三亚等城市电网及各市县农村电网，着力打造一个新型、绿色、适合海岛特色的坚强电网。3年投资100亿元，是海南电网加入南网4年来投资总和的2.5倍，相当于再造一个海南电网。这是历年来海南电网建设改造投资规模最大的一次。

站在新的历史起点，海南电网建设进入加速期。随着福山至官塘220千伏输电线路、东方电厂1号机组两条220千伏输电线路工程等一批具有标志性电力项目相继建成，电网不断升级。如今，海南电网建设形成了自己的技术路线。未来，海南电网将继续努力建设规划科学、结构合理、安全可靠、技术先进、运行灵活、标准统一、经济高效、具有鲜明海岛特色的现代化电网。

告别电力孤岛

海南电网跨海工程是海南电网升级改造过程中的标志性工程。2005年10月，海南电网跨海工程得到国家发改委批复核准。通过艰苦的国际招标，2007年2月10日，总投资约25亿元的海南电网跨海工程在海南澄迈福山正式开工建设。

海南电网跨海工程是我国第一个500千伏超高压、长距离、较大容量的跨海联网工程，是世界上第二个同类工程，在亚洲建设规模第一，同等级海底电缆单根长度世界最长。海南电网跨海工程建设的交换容量为60万千瓦，它的投入运用，使海南电网与南方电网主网实现连接，从根本上解决海南电网“大机小网”的突出问题。

工程起点在广东湛江500千伏港城变电站，经130千米线路后到徐闻南岭终端站，再经32千米海底电缆到达海南省林诗岛终端站，最后通过14千米线路到达澄迈福山变电站。

在整个施工项目中，穿越琼州海峡的3根32千米的长距离、大容量、超高压海底电缆是最关键因素。由于500千伏海底电缆生产技术和敷设工艺的特殊性、复杂性，国际上成熟生产商屈指可数。再加上新千年后石油开采业迅速扩张，海底电缆市场价格暴涨，供不应求。因而南方电网公司在国际招标中遇到了种种困难。最后，南方电网公司把握住跨国公司国际并购的良机，经过评审、澄清、交流和比较，最终决定采用挪威奈可森公司提交的500千伏交流联网方案。这3根海底电缆是目前世界上单条最长距离、较大容量的超高压海底电缆，中间没有接头，为世界之最，生产及施工难度大。但工程只用了1个多月的时间便敷设完毕。

经过两年多的精心施工，500千伏海南电网跨海工程在2009年7月1日正式投运，从而宣告海南长达95年的“电力孤岛”成为历史。项目的建成，提高了海南电网的运行可靠性和供电质量，年新增产值3亿元，年新增利税5500万元。

海南电网跨海工程投入运行后南方电网也成为了真正意义上的“一张网”，有利于充分发挥大电网的优势，实现更大范围内的资源优化配置，灵活调剂海南、广东等五省区电力余缺，对促进地方经济社会全面协调可持续发展具有重大作用。

琼粤再次深度合作

实现联网后，海南电网至少可以释放原有备用容量约33万千瓦，1年可以为海南增加约15亿千瓦时的电力，可基本满足海南这几年新增的电力需求。而且随着未来海南昌江两台65万千瓦核电项目建成投产，当海南电量有富余时，也可以通过海底电缆向广东送电。

500千伏海南电网跨海工程投运，已经成为了确保海南全省供电稳定性、可靠性、经济性的“生命线”。工程投运至今已成功应对“尼格”“纳沙”等8级以上强热带风暴10次；完成广州亚运会、深圳大运会、金砖国家领导人峰会、亚洲博鳌论坛等重大活动保供电任务；显著提升了海南电网供电质量，电网频率合格率达100%，机组利用小时数提高9%；促进了节能减排，单位煤耗降低3.5%，备用燃料机组耗油减少62%；实现海南电网与南方电网电能余缺互剂，据统计，自2009年投运3年以来，海南电网累计向广东电网输出富余电能逾2.4亿千瓦时。

为了继续开发海南电力资源，2011年3月31日，海南省政府与南方电网公司在海口签署了“十二五”电力发展战略合作框架协议。根据协议内容，今后5年，南方电网公司将投资约230亿元建设海南电网，比“十一五”投资增长约1.5倍，力争“十二五”期末城市客户年平均停电时间不超过5小时，为国际旅游岛建设提供高品质电力服务。

根据协议，“十二五”期间，南方电网公司将重点推进跨海联网二期工程、抽水蓄能电站、电动汽车充换电基础设施和智能电网建设等，积极推进海南电网升级改造，增强电网综合防灾能力，提高电网供电能力、供电可靠性及智能化水平。

菜篮子工程

据联合国粮食计划署，目前世界上因饥饿和营养不良每天会有25000人失去生命，比因艾滋病、肺结核、疟疾三种疾病死亡的总人数都多。尽管全球贫困人口减少明显，但很少有人意识到，世界的饥饿人口每年都以四五百万的数字上升。目前，全球每年都有500万儿童死于饥饿和相关疾病，到2015年之前全球将共有5000万人口因饥饿死亡。

曾经的粮食计划供给体制

今天，随着国家经济和农业的发展，我国粮食储备充足，很多人已经忘记了曾经的那些饥饿的回忆，以为有饭吃是理所当然的。很少人知道，中国为了解决“简单”的吃饭问题曾经作出的巨大努力。

中国是一个位于季风区的国家，而且又是一个农业大国，频繁的自然灾害让粮食生产难以得到保障。新中国成立之初，经历战乱之后建立的新政权面临粮食等生活资料匮乏。为了保证人民的基本生活，国家对城乡居民的基本生活物质实行“定量供给”，而粮食供给是其中一项重要的内容。具体做法是按人口规定粮食指标，实施过程中城市和农村实行两种不同的制度。

实行粮食定量供应，粮食交易则一定有相应的票据，这样粮票便应运而生。粮票为供给制度下的主要票证之一，分为全国粮票、军用粮票、地方粮票和划拨粮票四种。人们获取粮票的主要途径是由城镇居民凭粮食户口（居民粮食供应本）——一种粮食计划指标册，到指定国有粮店兑换。粮食关系与户口紧密挂钩，公安部在人口统计中把由政府计划供粮城镇居民划为“非农业户口”。1953年中央人民政府颁布《关于粮食的计划收购和计划供应的命令》，1955年8月25日国务院下达《关于市镇粮食定量供应暂行办法》，从此粮票完全进入流通领域。“粮食计划供给体制”为全国城镇居民的基本粮食保障制度，也是当时广大农民及其子弟所追求的重要目标。1990年代前后曾出现全国性的“买户口”的现象。直至1993年全国取消粮票为止，“买户口”的现象才淡出历史舞台，粮票却被一些人用于收藏，形成了一个不小的集粮票市场。

见证中国人20多年餐桌巨变

改革开放后，我国进入了经济体制转轨和国民经济快速成长时期，而人们的餐桌问题依然严峻，解决城镇居民食品消费问题成为了一项战略性措施。为此国家在1988年启动了“菜篮子工程”。这项工程旨在增加蔬菜、肉类、禽蛋、奶类、水产品、水果等主要鲜活农产品的供给，内容涵盖生产、加工、流通和宏观调控，地域涉及全国大中城市和鲜活农产品主产区。经过20多年建设，菜篮子工程取得了丰硕的成果。

“菜篮子工程”一期工程是从1988年到1994年，主要建立了中央和地方的肉、蛋、奶、水产和蔬菜生产基地及良种繁育、饲料加工等服务体系，以保证居民一年四季都有新鲜蔬菜吃。

到1993年底，全国农副产品批发市场已达2080个，城乡集贸市场已达8.3万个，其中农副产品专业市场8220个，初步形成了全国大市场、大流通的新格局。1994年，“菜篮子工程”已处在由过去以生产基地建设为主转入生产基地与市场体系建设并举的新阶段。同年年底，全国肉类总产量达4499.3万吨，禽蛋1479万吨，水产品总产量达2146.4万吨，水果总产量达3499.1万吨，蔬菜面积达1.34亿亩。全国有27个省市初步建立了主要副食品的地方储备。

“菜篮子工程”二期工程是从1995年起到1999年底。主要有四大特点：加大基地建设，向区域化、规模化、设施化和高档化发展；城乡携手共建“菜篮子工程”——不仅城郊发展“菜篮子”，而且广大农区也积极发展

"菜篮子"，一批全国性的农区基地正在形成和发展；提高科技含量，优化结构，增加花色品种——为了适应城镇居民对"菜篮子"产品"鲜活、优质、营养、方便、无虫害"的消费要求，各地在生产中广泛采用良种良法以提高产品的产量和质量；探索新的流通方式，积极推进产供销、贸工农一体化经营。

1995年，农业部公布了全国23家首批定点鲜活农产品中心批发市场。同年，农业部实施了大、中城市"菜篮子"产品批发市场价格信息联网。到同年9月，该信息网已与28个大、中城市和主产区的33个批发市场联网。1996年，"菜篮子工程"批发市场体系建设试点工作开始启动。武汉、广州、沈阳、西安四个城市入选为首批试点城市。试点工作由农业部和国家体改委联合成立的领导小组组织实施，试点的总体安排时间为2～3年。1997年底，全国农副产品批发市场发展到约4000家。全国已初步形成了以中心批发市场为核心，连接生产基地和零售市场的稳定的"菜篮子"市场体系。1998年，中共十五届三中全会通过的《中共中央关于农业和农村工作若干重大问题的决定》指出，"菜篮子"产品生产要推广优新品种，降低成本，提高效益，实现均衡供给，努力创造名牌农产品。

"菜篮子工程"三期工程是从1999年到2009年底。这一时期进入菜篮子快速发展阶段，提高农产品安全性的阶段。1999年9月，全国有十大城市召开了第十二次菜篮子工程产销体制改革经验交流会议，会上正式提出，国内"菜篮子"的供求形势从长期短缺转向供求基本平衡，预示着菜篮子工程全面向质量层面阶段发展。

2000年11月17日，全国十大城市菜篮子产销体制改革经验交流会提出21世纪初"菜篮子工程"的主要目标任务：以优化结构、提高"菜篮子"产品质量和增加农民收入为中心，以深化改革、扩大开放和加快推进农业现代化为动力，实现"菜篮子工程"与生态环境协调发展，努力提高城乡居民的生活质量。2001年4月，一项重在提高农产品质量和保证农产品消费安全的

"无公害食品行动计划"由农业部组织实施。这项工作以"菜篮子"产品为突破口，以市场准入为切入点，从产地和市场两个环节入手，通过对农产品实行"从农田到餐桌"全过程质量安全控制，计划用8~10年的时间，基本实现主要农产品生产和消费无公害。2002年7月，国家经贸委有关负责人宣布，"三绿工程"进展顺利并取得阶段性成果。"三绿工程"是指提倡绿色消费，培育绿色市场，开辟绿色通道，以提高食品质量，维护消费者利益。随着"三绿工程"的实施，全国"菜篮子"卫生质量安全检测体系进一步加强，已经筑起一道道食品安全防线，有效防止有害食品流入市场。

经过多年的努力，"菜篮子"工作取得了显著成绩，实现了"菜篮子"产品由长期短缺、品种单调，到供求基本平衡、品种丰富多样的历史性转折。群众家庭生活开支所占整个家庭经济支出的比例长期处在低水平，不管收入多少一般不会为吃饱家常便饭发愁，可以说人民生活水平的提高"菜篮子工程"功不可没。据2002年统计数据，中国年人均蔬菜占有量达到311千克，远远超过世界人均105千克的水平。在这个基础之上"菜篮子"工作开始向"注重质量、保证卫生和安全转变"完善质量标准，强化源头管理。

"菜篮子工程"四期工程从2010年初中央1号文件开始。中央1号文件提出推进菜篮子产品标准化生产；加强重大动物疫病防控，完善扑杀补贴政策，推进基层防疫体系建设；增加渔政、渔港、渔船安全设施等建设投入；加快农产品质量安全监管体系和检验检测体系建设。

从某种意义而言，实行"菜篮子工程"的20多年是一部改革开放史的缩影，并将永无止境地实行下去。

农村“村村通”工程

据2007年数据统计，目前我国全国行政村总数为691510个，自然村数量超过71万个。随着中国现代建设的进程日益加快，农村改造已经摆上了政府的工作议程。“村村通”工程正是在这样的背景下产生的。“村村通”是一个国家性的巨大的系统工程，其包含有：公路、电力、生活和饮用水、电话网、有线电视网、互联网等等。工程期限为1998—2020年，工程总投资高达2000亿元以上。是世界规模最大的农村改造项目。

农村电话“村村通”工程

“村村通”电话工程开始于2004年，是国家为了缩小“数字鸿沟”，实现电信的“普遍服务”，创建公平的信息社会而启动的一项工程。

2004年1月16日，信息产业部下发了《关于在部分省区开展村通工程试点工作的通知》，同时出台了《农村通信普遍服务——村通工程实施方案》，作为一个过渡时期的解决方案。此方案要求信息产业部依照《电信条例》指定六家基础电信业务经营者采取“分片包干”的方式承担通信普遍服务义务，以完成“十五”规划中农村通信发展目标。根据邮电通信“十五”规划，到2005年底，在全国至少有95%的行政村开通电话。要达到此目的，还需要完成近4万个行政村的通电话任务。通电话村的最低标准：每个行政村至少开通两部以上电话，其中原则上至少有一部电话作为有人值守公用电话，以提高电话利用率和设施安全性，并避免因交不起月租费而被停机。村通工程开通的电路可以是有线或无线的，终端设备可以是固定或移动的。

电话村通工程由现有的在全国范围内经营基础电信业务的电信企业各自

承担。具体做法是：将全国现有的31个省、市、自治区视为31个普遍服务地区（也就是假设31个地区都存在需要进行补贴的项目），对每个地区按照提供普遍服务的难易程度进行综合评估打分，得出普遍服务任务量，然后在各运营商之间进行组合分配。运营商所承担的义务多少和其在电信业务市场上的收入成正比例关系。

管理上实行部省两级管理，争取地方政府支持，企业具体实施。信息产业部负责制订村通工程政策，对出现的问题适时出台相应政策并进行协调。省通信管理局负责当地村通工程的协调、监督检查、指导和推进，对当地村通工程进行目标考核。企业自主实施村通工程，信息产业部和省通信管理局仅进行目标考核和纳入正常行业管理，不介入企业具体运作过程。

对农村通信的资费标准，可由电信企业灵活制定各种形式的资费优惠政策，新的资费标准应按规定报信息产业部或省通信管理局审批或备案。考虑到村民的承受能力，要求农村通信资费标准不得高于目前现行资费标准；无论采用何种技术，有人值守公用电话均不得高于固定公用电话资费标准。

近几年，在电信运营商的积极推进下，电话“村村通”工程进展顺利。全国行政村通电话的比例达到99.2%。

农村公路“村村通”工程

根据国务院常务会议审议通过的《全国农村公路建设规划》，21世纪前20年，我国农村公路建设将全面完成“通达”“通畅”工程，使农民群众出行更便捷、更安全、更舒适，基本适应全面建设小康社会的总体要求。2006年，国家规划决定在5年内，投入1000亿元修建农村公路，所以公路村村通工程又称“五年千亿元”工程。该工程的目标是力争在5年时间实现所有村庄通沥青路或水泥路，以打破农村经济发展的交通瓶颈，解决9亿农民的出行难题。该工程以国家和省出资为主，地方财政配套部分资金，决不允许向农民强制摊派。

根据交通部统计显示，2003年、2004年两年，全国建成农村公路35.2万千米，其中沥青路、水泥路19.2万千米，超过1949年新中国成立以来农村建设沥青路、水泥路的总和。2004年，中国新增农村客运班车8500多辆，有286个乡镇、28424个行政村新开通了班车。发展和改善农村公路交通，是解决“三农”问题的重要前提和基础条件。经过50多年的建设，全国县乡公路总里程达127.7万千米，是1952年的10.2倍。在全国104.3万千米的非水泥、沥青路面的公路中，农村公路就有92.3万千米，占88.5%。

在全国统筹城乡发展的方略下，村村通工程在全国农村迅速展开，仅2007年全国新建、改建农村道路就超过30万千米。到2010年，全国农村公路总里程达到185万千米，全面完成农村公路“通达”工程，全国具备条件的乡镇、行政村通公路，通公路行政村班车通达率达到95%，农民出行难的问题得到有效解决。同时“通畅”工程加快推进，东部地区和中部较发达地区基本实现乡镇、行政村通沥青或水泥路，广大中西部地区乡镇、行政村通沥青或水泥路比率明显提高，具备条件的乡镇、行政村通公路率达到100%。到2020年，全面完成农村公路“通畅”工程，基本实现行政村通班车，形成农村便利客运网络。届时，全国农村公路总里程将达到250万千米。

农村电力“村村通”工程

1998年10月，国务院下发文件，批转了国家计委关于农村电网建设与改造的请示，并将其确定为扩大内需的重要投资领域，安排了包括国债在内的资金1893亿元作为农网改造的基本金。国家要求按照“两改一同价”（即农电体制改革、农网改造和实现城乡同网同价）的原则，对城乡低压电网实行统一管理，取消各级政府的价外加价。此举标志着农村电力“村村通”工程正式启动。

至2001年底，经过各级政府和广大电力系统职工3年多的努力，第一批农村电网建设改造工程已经覆盖了全国所有的2400多个县，使1380万无电人口用上了电，全国农村低压线损率也普遍从改造前的20%～30%降到了12%以下，加上农村电价收费方面的大力整顿，全国农村到户电价每千瓦时平均下降了0.13元。这样，全国已有约50%以上的县实现了县内居民生活用电同价，还有一些省市，如上海、江苏等，已经实现了全省（区、市）居民生活用电同价。

2006年，南方电网公司提出了“十一五”期间公司“加快农电发展，服务新农村建设”的主要目标：投资约553亿元加强县级电网建设；投资约33亿元，通过电网延伸解决41万户无电人口用电问题；实现公司供电区域内行政村的村村通电。按照实施纲要，“十一五”期间南方电网县级电网建设预计投资约553亿元，建设110千伏、35千伏、10千伏及以下输配电网，其中建成110千伏和35千伏线路约4万千米，变电容量约5800万千伏安，使县级电网具有安全可靠的供电能力。

2010年，新一轮的农村电网改造工程启动。按照计划安排资金约3000亿元，到2012年底基本完成农村电网改造任务。全国农村低压电网的改造面平均达到90%以上，全面实现城乡用电同价，并且农村用电费用还会进一步降低。

农村自来水“村村通”工程

根据2004年，国家发改委、水利部和卫生部联合调查的数据，按照水质、水量、用水方便程度等指标衡量，全国尚有3亿多农村人口（中西部地区占80%）饮水未达到安全标准。为此，国家在2005年启动了农村饮水安全应急工程，要在两年内解决2120万农村人口饮水安全问题。农村自来水化是统筹城乡发展、建设社会主义新农村的重要内容，是实现农村现代化的必备条件。

为了解决农村饮用水不足及安全问题，国家发展和改革委员会会同水利部、卫生部等有关部门抓紧编制《“十一五”农村饮水安全建设规划》，确保在“十一五”期间解决1亿农村人口饮用高氟水、高砷水、苦咸水、污染水和血吸虫病区、微生物超标等水质不达标以及局部地区严重缺水的问题。根据《全国农村饮水安全工程“十一五”规划》要求，2006—2007年度，全国共安排农村饮水安全总投资249亿元，其中，中央投资123亿元，计划解决6049万农村人口的饮水问题。

2011年中央一号文件明确指出，在2015年前要求基本解决农村饮水不安全问题。“十二五”期间，我国将通过加强组织领导，建立农村饮水安全保障行政首长负责制，加大投资力度，强化项目管理，落实工程用电、用地、税费等优惠政策，加强县级农村饮水安全工程水质检测能力建设等，确保工程长久发挥效益，农村群众长期受益。到了“十二五”期间，中国把农村饮水安全工程作为了社会主义新农村建设的重点内容之一，立志全面解决2.98亿农村人口和11.4万所农村学校师生的饮水安全问题。饮水安全直接关系人民群众身体健康和生命安全。农村饮用水安全工程实施以来，我国累计完成农村饮水工程投资1786亿元，解决了约3亿农村居民饮水安全问题。

农村广播电视“村村通”工程

为解决广大农民群众听广播、看电视难的问题，1998年党中央、国务院决定启动广播电视村村通工程，第一轮工程至2005年结束。我国广播、电视人口综合覆盖率分别从1997年的86.02%和87.68%提高到2005年的94.48%和95.81%。

根据第一轮工程实施效果，2006年，党中央、国务院决定继续实施广播电视村村通工程，按照“巩固成果、扩大范围、提高质量、改善服务”的要求，构建农村广播电视公共服务体系。

根据《“十一五”全国广播电视村村通工程建设规划》，“十一五”期间，全国要完成71.66万个20户以上已通电自然村广播电视覆盖任务，共需投入建设资金108亿元。国家发改委将分年度安排34亿元投资用于“十一五”

村村通工程建设补助。

20户以上的“盲村”都处在边远山区和贫困地区，采用无线、有线方式都很难解决“村村通”。而直播卫星方式传送的节目套数多、接收质量好、建设运行维护成本低，并且采用了我国自主研发的卫星传输标准，可以保障信息安全，便于加强管理，是“盲村”群众接收广播电视最经济、最方便、最有效的方式。“村村通”直播卫星平台，从技术手段上根本解决了边远地区群众收听收看广播电视难的问题，为实现户户通、长期通创造了条件、打下了基础。

不过就目前，全国广播电视村村通总体上还处于较低水平，与中央提出的建设社会主义新农村的总体目标、与农民群众日益增长的精神文化需求、与城市居民享受的广播电视服务在数量和质量还有很大的差距。

这些问题主要体现在以下三个方面：一是还存在广播电视覆盖盲区。据初步统计，全国还约有47万个已通电自然村的5400万农牧民群众听不到广播、看不到电视。二是广播电视村村通工作还存在起点低、入户率低和“返盲”等问题。1998年开始实施的农村广播电视村村通工程，由于受当时的经济技术条件限制，投入少，起点低，每个行政村的接收点只能收听收看到中央1套广播、1套电视和省1套电视节目，而且入户率低。三是广大农村地区无线覆盖效果滑坡严重。目前我国广大农村地区超过80%的农民群众仍然主要依靠无线方式接收广播电视节目。全国大约有6.5万座无线发射台、转播台，绝大部分都在市（地）、县两级广电部门。长期以来，由于资金投入不足、设备陈旧老化、日常运行维护经费缺乏等原因，导致这些发射台、转播台开机时间短、功率不足，直接影响了中央和省级节目的转播覆盖。

农村电影放映工程

电影是集文学、音乐、演艺以及自然风光等为一体的视觉产品。中国广大农村的高就业低工资，使电影成为了农村群众难得的精神食粮。在20世纪五六十年代，在农村里活跃着一批一批的电影放映队。每到影片放映的那一天，男女老少都提早吃晚饭，小孩子早早就把凳子搬到放映场摆好，等着放映那一刻的到来。但到了90年代，电影慢慢被电视等新兴娱乐取代，电影播放随之消失。“十五”期间，广电总局重新提出了跨世纪的农村电影放映“2131工程”，即在21世纪初，基本实现全国农村一村一月放映一场电影的目标，农村电影播放事业因此再度兴起。

数字化电影进农村

2000年，国家计委、国家广电总局、文化部联合下发通知，要求各地将“2131工程”纳入当地经济与社会发展计划，认真组织实施。按照工程总体规划，国家设立农村电影“2131工程”专项资金，用于扶持中西部22省区的632个国家级低收入县，开展农村电影放映活动。农村电影“2131工程”正式启动。

从2000年至2005年，国家投入农村电影的资金达2.38亿元，主要用于采购电影放映设备和拷贝。“十五”期间，国家共向中西部地区资助：16毫米电影放映机6983台、发电机2593台、流动放映车1068辆、35毫米放映双机207套、16毫米电影放映双机1507套、放映大棚376个、数字放映设备54台、幻灯机159台、电影拷贝22818个，同时为西藏、新疆等8个少数民族语译制中心更新了民族语译制设备。

农村电影放映队和放映点也逐步得到恢复，目前全国共有农村电影放映队3.7万支，其中由“2131工程”资助的新建队7500余支。“十五”期间共放映电影近1500万场，平均每年300万场，已有18个省区实现年放映场次10万场以上，观众达50亿人次。其中西藏、内蒙、宁夏、陕西、北京、上海等省市已率先实现年均村放映电影12场的目标，新疆、云南、湖南、重庆也达到年均村放映电影8场的水平。

为了让更多农民群众方便地看上电影，国家积极实施农村数字化放映工程。农村数字放映是目前运用高新科技手段推动传统电影升级换代的新型技术，具备操作简单，放映技术观影效果好，成本低，可满足时实和非时实传送的特点，已成为目前电影放映的发展趋势。

2007年开始启动农村电影数字化改革发展试点。国家和地方财政计划投入1.15亿元资金，购买农村一村一月看一场电影的公益服务场次和部分数字设备。试点覆盖了浙江、广东、陕西、江西、河南、湖南、吉林、宁夏等8个省（区）的16个市所辖的145个试点县、1665个试点乡，放映到37052个行政村，争取将大部分使用16毫米胶片放映的地区逐步转换为数字化放映。

中影新农村数字电影公司

为了发挥国有大型电影企业在农村电影市场的主导作用，充分利用并有效整合我国农村电影市场资源，2006年5月，中影新农村数字电影发行有限公司成立。

农村数字电影放映的片源，都是各地农村数字电影院线公司在国家广电总局电影数字节目管理中心采购的。根据2007年国家广电总局出台的《农村数字电影发行放映实施细则》，国家广电总局每年选定不低于60部专供农村放映的故事片和不低于30部的科教片，由政府出资500万元，委托中影新农村数字电影发行有限公司购买农村公益版权后，向全国各农村数字电影院线公司发行。中影新农村数字电影发行有限公司、总局电影数字节目管理中心，在运营过程中经批准可以按照东部3元/场、中部2元/场、西部1元/场的标准收取技术服务费和成本费。

为了让放映工作摆脱后顾之忧，各级财政对东、中、西部地区农村电影公益场次进行了最低每场100元的补贴，场次补贴中70%的费用必须用于放映员的劳务。

在一系列政策激励下，2007年全国农村数字电影公益场次订购近66万场，2008年达到229.7万场，2009年再次翻番，达到546.64万场。农村公益场次影片的题材也更加丰富多样，既有传统的爱国主义教育题材，也有与城市主流院线基本同步的国内外大片，既有儿童题材，也有广受农村欢迎的科教片。为了满足少数民族地区农民看电影的需要，国产优秀影片少数民族语译制工作也积极开展。

为了让农民看到更多更新的影片，各地农村院线也在努力探索增加商业片放映场次。2009年，宁波市出台了每场20元商业影片节目场次补贴政策，在全国率先实现了“商业影片公益化放映”，商业影片订购量跃居全国第一。2010年，福建省级财政也将安排450万元用于农村电影商业片放映补贴，推动影片质量的提高。

没有实施“工程”的时候，农村文化生活非常贫乏。自从有了“正规军”，一放电影，老老少少就像过节一样，老早就来等着，连放映员都受到很好的招待。随着电影放映工程的推进，主流文化逐渐占领了农村市场。

万村千乡市场工程

万村千乡市场工程是国家通过安排财政资金，以补助或贴息的方式，引导城市连锁店和超市等流通企业向农村延伸发展“农家店”，以改善农村消费环境，满足农民生产生活需求的一个超级工程。工程总投资117亿元，工程期限为2005—2010年。

建设25万家“农村超市”

从2005年2月起，商务部开始实施“万村千乡市场工程”。主要内容是：在农村逐步推行连锁经营，力争3年使标准化农家店覆盖全国50%的行政村和70%的乡镇，构筑以城区店为龙头、乡镇店为骨干、村级店为基础的农村现代流通网络；力争用3年时间（2005—2007年），在全国建设25万家标准化“农家店”。

财政部会同商务部出台了资金支持政策，明确对试点企业配送中心贷款予以贴息扶持，中西部地区贴息率不超过3%，东部地区贴息率不超过2%。对在乡村新建和改造的农家店予以直接补助，每个乡级店补助2000元，每个村级店补助3000元，中西部地区每个农家店分别增加800元。

2005年，全国1150家流通企业在777个县市进行“万村千乡市场工程”试点。商务部向国家开发银行推荐西部地区试点企业224家，支持试点企业在西部地区建立大宗农牧产品流通设施。

2006年底，全国有2287家流通企业在1817个县（市）进行了试点，累计建连锁化农家店16万余家，覆盖了全国63%的县（市）。中央财政投入资金7.5亿元，带动了地方与企业投资约117亿元，扩大农村消费600亿元，吸纳富余劳动力65万人，使1.4亿农民受益。

2007年底，全国当年建设农家店10万家，累计建设农家店26万家，覆盖75%的县市，近3亿农民受益，实现了3年建设规划目标。

2009年8月底，全国累计建设改造36万家连锁化农家店和1186个配送中心，覆盖全国84%的县、71%的乡镇和44%的行政村，较2008年底分别提高了9、22、11个百分点。以城区店为龙头、乡镇店为骨干、村级店为基础的农村现代流通网络正在逐步形成。“万村千乡市场工程”的社会效益日益凸显。2009年1—8月，农家店实现销售额660多亿元，带动社会投资245亿元，创造就业32.2万人，工程取得了巨大成就。

商务部与中国移动合作

2008年5月，商务部与中国移动通信有限公司就共同推进“万村千乡市场工程”，建立新型农村市场流通网络签署谅解备忘录。

为促进中国移动与“万村千乡市场工程”承办企业合作，商务部向中国移动推荐承办企业，协助中国移动在农家店开展移动通信代办业务，具体包括移动电话入网、代收通信和信息服务费、移动公话、增值业务办理、农业信息化产品销售推广等。

中国移动将为“万村千乡市场工程”承办企业及其农家店建设“万村千乡网”，提供一揽子移动通信和移动信息服务，并确保网络的优质、安全运行，为农村用户提供更加完善的通信服务。此次与中国移动的合作，是商务部扩展“万村千乡市场工程”一网多用功能的一个重要举措，对提升农村流通信息化水平，建立新型农村市场流通网络，改善农村消费环境起到了积极作用。

鼓励农家店卖药品

2006年7月，商务部、国家食品药品监管局联合下发通知，要求充分利用"万村千乡市场工程"建立的网络，把有质量保证的药品送下乡，确保农民用药安全、有效、方便。

通知提出，支持药品经营企业在"万村千乡市场工程"农家店中设立药品专柜，鼓励"万村千乡市场工程"试点企业开展药品经营，经营范围原则上为乙类非处方药，具备条件的试点企业可以扩大到甲类与乙类非处方药，同时减免经营人员培训费用。

此举在于把"万村千乡市场工程"与农村药品"两网"（农村药品监督网络、农村药品供应网络）建设进行有机结合，发挥各自优势，整合农村网络资源，增强农家店服务功能。在制定"万村千乡市场工程"规划时，还充分考虑了"一网多用"经营药品问题，避免重复建设。同时，加强对农家店经营药品的指导与管理，保证药品的100%配送，保障农村药品质量。此举在方便农民买到放心药品的同时，也增强了农家店为农民服务的能力，提高了农家店扎根农村的生命力。

7.2亿农民参加新型合作医疗

新型农村合作医疗，简称“新农合”，是由政府组织、引导、支持，农民自愿参加，个人、集体和政府多方筹资，以大病统筹为主的农民医疗互助共济制度。农村合作医疗是由我国农民自己创造的互助共济的医疗保障制度，在保障农民获得基本卫生服务、缓解农民因病致贫和因病返贫方面发挥了重要的作用。2007年9月，卫生部长在新闻发布会上宣布，全国参加合作医疗人口已经达到7.2亿。这是中国在农村卫生事业中取得的巨大成果。

曾经的“赤脚医生”

赤脚医生，是20世纪六七十年代出现在我国农村的“半农半医”的农村医疗人员。在20世纪的农村，医疗制度还没有建立的时候，赤脚医生就是我国农村的医疗保障。赤脚医生一般未经正式医疗训练、仍持农业户口，当时来源主要有三部分：一是医学世家；二是高中毕业且略懂医术病理的人；三是一些上山下乡的知识青年。1977年年底，全国有85%的生产大队实行了合作医疗，赤脚医生数量一度达到150多万名。曾经的赤脚医生为解救中国一些农村地区缺医少药的燃眉之急做出了积极的贡献。联合国妇女儿童基金会在1980—1981年年报中指出，中国的“赤脚医生”制度在落后的农村地区提供了初级护理，为不发达国家提高医疗卫生水平提供了样本。

1985年1月25日，《人民日报》发表《不再使用“赤脚医生”名称，巩固发展乡村医生队伍》一文，此后“赤脚医生”逐渐消失。根据2004年1月1日起实行的《乡村医生从业管理条例》，乡村医生经过相应的注册及培训考试后，以正式的名义执照开业。赤脚医生的历史自此结束了。

1996年年底，中共中央、国务院在北京召开全国卫生工作会议，江泽民同志在讲话中指出："现在许多农村发展合作医疗，深得人心，人民群众把它称为'民心工程'和'德政'。"随着我国经济与社会的不断发展，越来越多的人开始认识到，"三农"问题是关系党和国家全局性的根本问题。不解决好农民的医疗保障问题，就无法实现全面建设小康社会的目标，也谈不上现代化社会的完全建立。大量的理论研究和实践经验已经表明，在农村建立新型合作医疗制度势在必行。

新型农村合作医疗制度

新型农村合作医疗制度从2003年起在全国部分县（市）试点，到2010年逐步实现基本覆盖全国农村居民。

2002年10月，《中共中央、国务院关于进一步加强农村卫生工作的决定》明确指出：要"逐步建立以大病统筹为主的新型农村合作医疗制度"，"到2010年，新型农村合作医疗制度要基本覆盖农村居民"，"从2003年起，中央财政对中西部地区除市区以外的参加新型合作医疗的农民每年按人均10元安排合作医疗补助资金，地方财政对参加新型合作医疗的农民补助每年不低于人均10元"，"农民为参加合作医疗、抵御疾病风险而履行缴费义务不能视为增加农民负担"。

这是我国政府历史上第一次为解决农民的基本医疗卫生问题进行大规模的投入。从2003年开始，本着多方筹资，农民自愿参加的原则，新型农村合作医疗的试点地区正在不断地增加，通过试点地区的经验总结，为将来新型农村合作医疗在全国的全面开展创造了坚实的理论与实践基础，截至2004年12月，全国共有310个县参加了新型农村合作医疗，有1945万户、6899万农民参合，参合率达到了72.6%。

按照"十一五"规划的要求，新型农村合作医疗到2010年的覆盖面达到农村的80%以上。2011年2月17日中国政府网发布了《医药卫生体制五项重点改革2011年度主要工作安排》。这份文件明确，2011年政府对新农合和城镇居民医保补助标准均由上一年每人每年120元提高到200元；城镇居民医保、新农合政策范围内住院费用支付比例力争达到70%左右。

2012年起，各级财政对新农合的补助标准从每人每年200元提高到每人每年240元。其中，原有200元部分，中央财政继续按照原有补助标准给予补助，新增40元部分，中央财政对西部地区补助80%，对中部地区补助60%，对东部地区按一定比例补助。农民个人缴费原则上提高到每人每年60元，有困难的地区，个人缴费部分可分两年到位。个人筹资水平提高后，各地要加大医疗救助工作力度，资助符合条件的困难群众参合。新生儿出生当年，随父母自动获取参合资格并享受新农合待遇，自第二年起按规定缴纳参合费用。

人人享有基本医疗卫生服务

健康是每个人生存与发展的基础，与千家万户的幸福生活息息相关。医疗卫生作为服务于每个社会成员身心健康的社会事业，是当今世界各国为其国民提供的基本公共服务之一。

由于社会制度、发展水平等方面的差异，不同国家为其国民提供的医疗卫生服务的水平与覆盖面相差很大。我国是社会主义国家，发展医疗卫生事业，提高人民群众健康水平，一向受到党和国家的高度重视。在党的十七大报告中，明确提出要让“人人享有基本医疗卫生服务”，并将其作为全面建设小康社会奋斗目标新要求中的一项具体内容，还把“病有所医”列为社会建设的“五有”目标之一。这是新世纪新阶段，我们党针对我国经济社会发展和医疗卫生事业出现的新形势，为在经济发展的基础上不断提高全体人民健康水平而提出的重大战略部署。

“人人享有基本医疗卫生服务”，是维护社会公平正义、促进社会和谐的内在要求。我们在发展中国特色社会主义进程中，既要大力发展经济，也要注重促进公平正义。人人享有基本医疗卫生服务，正是维护社会公平正义、实现人民共享改革发展成果的重要体现。如果不是“人人”，而是只有一部分人享有基本医疗卫生服务，一方面，这种服务往往会成为一种“特权”，而不能享受这种权利的常常又是弱势群体，此时反而会加大社会不公；另一方面，没有资格享受这种服务的人也会千方百计地利用其他方式来谋取这种权利，形成所谓“绿洲效应”，从而导致不公平行为的蔓延。人人享有基本医疗卫生服务，也体现了人与人之间的共济互助，有利于社会和谐。

目前，新型农村合作医疗制度的参合人数达到7.2亿人，超过农村常住人口的90%以上，若以户籍人口计算，则达到86%。城镇职工医疗保险制度的参保人数已经达到1.80亿人，城镇居民基本医疗保险参保人数达到0.41亿人，两者相加为2.21亿人，大约为城镇常住人口的40%，若以户籍人口计算，则已近50%。

改革开放以来，我们解决了13亿人口的温饱问题，创造了一个世界奇迹；新世纪新阶段，我们正在从事着世界上最大规模的医疗卫生服务工作。面对未来，我们豪情万丈。只要有党的坚强领导，有全社会的共同努力，让13亿人全部享有基本医疗卫生服务这一更加伟大的世界奇迹就一定能够实现！

尖兵系列侦察卫星

1975年11月26日，对于中国的航天人来说，这是一个难以忘怀的日子。就是在这一天，我国第一颗返回式遥感卫星在酒泉卫星发射中心用“长征”二号运载火箭顺利发射升空，准确进入预定轨道。卫星在太空飞行47圈，回收舱于11月29日按地面遥控站发出的返回调姿遥控指令，安全降落于贵州六枝地区并回收成功。至此中国成为了世界上第三个掌握卫星回收技术的国家。

积极研发，打破垄断

通常，卫星发射入轨之后，就在太空执行任务，并不需要返回地面。如通信、导航、气象卫星都是如此。但是有的卫星却需要回到地面，如侦察卫星因获得情报，科学实验卫星携带实验品等，都需要返回。这就是返回式卫星。发射返回式遥感卫星要解决一系列复杂的技术问题，其中主要包括：具有足够推力的运载工具、功能完备的卫星本体、完善可靠的航天测控网，以及卫星的调姿、制动、防热、软着陆、标位及寻找等等。研制返回式卫星是卫星发展史上的一个重要突破。

返回式卫星主要有三个用途。一是作为观测地球的空间平台。返回式卫星所获取的各种对地观测信息资料，可以带回地面进行分析处理和详细研究。二是作为微重力试验平台。利用微重力条件，在空间进行各种科学实验，生产和制造地面难以获得的材料和物品。三是作为发展载人航天技术的先导。因为宇航员必须采取与返回式卫星相似的方法返回地面，只有掌握了卫星返回技术，才能为载人航天打下基础。

20世纪50年代末期，苏联人成功地将第一颗人造地球卫星送上太空，使人类进入到一个崭新的航天时代。1958年，美国人紧随其后，也将自己研制的卫星送上了太空。

为了打破美国和苏联在航天卫星方面的垄断地位，我国也加紧了对卫星技术的研究。1970年4月24日，我国第一颗人造地球卫星“东方红一号”遨游太空，引起了世界各国的广泛关注。

因为返回式卫星在世界各类航天器中占有重要地位。此后，我国加紧研制更加高级的返回式卫星。掌握卫星的回收技术，成为我国优先要予以攻克的一项重要课题。尖兵系列卫星的研发成果，使得中国成为世界上掌握卫星回收技术的四个国家之一（另外三个国家分别是美国、俄罗斯和印度）。

成果斐然的返回式胶片成像卫星

尖兵系列卫星的决策与使用权同归中国人民解放军总参谋部，其各个型号作为我军战略武器系统中结构功能的关键环节，担负着作战目标的发现、识别、定位以及打击毁伤效果评估等重要任务，据用户需求而立项研发，随技术进步而不断完善。

尖兵系列最先研发的是返回式胶片成像卫星，它为航天遥感事业首开先河，30多年来发展了五个型号，技术成熟，成果斐然。

尖兵一号（FSW-0）：第一代返回式照相普查卫星，1974—1987年间发射10次，9次成功发射与回收，在轨时间3~5天，胶片地面分辨率10米，用于地面固定目标的发现与识别。采用了棱镜扫描全景相机，获得第一批对地摄影相片，但解析度较低，且畸变严重。卫星采用模拟式三轴稳定控制系统，但没有轨道控制系统，因此轨道衰减较快，留轨时间短，亦影响了返回落点的精度。

尖兵一号甲（FSW-1）：第一代返回式照相测绘卫星，用于固定目标定位与制图。主要用途为摄影测绘。相比于要求高分辨率的照相侦察，摄影测绘所需的图像侧重较高的几何精度与较小的畸变，以符合定位与制作地图的要求，因此采用了画幅式大幅面相机，分辨率为10～20米。卫星采用数字式三轴稳定控制系统，但亦没有轨道控制系统。1987—1993年间发射5次，4次成功回收。在轨时间8天。目标定位精度百余米。

返回式一号甲卫星由返回舱和仪器舱（包括过渡段）两大部分组成。于1987年9月9日至13日进行了首颗卫星的飞行试验，安全返回。于1988年8月5日至13日成功进行第二颗星的飞行试验，安全返回；1990年9月5日至13日进行第三颗星的飞行试验，安全返回；1992年10月6日至13日进行02批第一颗星的飞行，安全返回。该型号前两颗星获得的目标定位信息使得我国第一代战略武器（DF-3A、4A、5A）系统真正形成了战斗力。

尖兵一号乙（FSW-2）：第二代返回式照相普查及遥感卫星，采用直接扫描式全景相机或称为节点式全景相机，摄影分辨率达4米。并开始利用剩余的载荷能力搭载其他空间实验。卫星采用数字式三轴稳定控制系统，亦设有轨道控制系统，能每隔数天调整轨道，因此留轨时间得以延长，返回落点精度亦能提高。1992—1996年间发射3次，均成功回收。在轨时间15天，胶片地面分辨率2.5米，比第一代分辨率提高了3倍。该型号的任务现已由尖兵三号传输型卫星接替。

尖兵二号（FSW-4）：第一代返回式照相详查卫星，2004—2005年间发射2次，均成功回收。在轨时间27天，胶片地面分辨率0.5米，实现了亚米级成像技术的飞跃。该型号卫星的任务现已由尖兵六号传输型卫星接替。

尖兵四号（FSW-3）：第二代返回式照相测绘卫星，2003—2005年间发射3次，均成功回收。在轨时间18天，对地面固定目标定位精度十几米，满足了第二代战略导弹目标定位精度需求，该型号的成功发射与回收，标志着我国第二代战略武器（DF-5B、DF-31A、DH-10）系统形成实战能力。

传输型卫星方兴未艾

近年来，作为国防高新技术重点发展对象，尖兵家族中增添了不少新面孔。光电成像数据传输型遥感卫星，能够显著提高情报的实时性，延长卫星的工作寿命，随着CCD相机技术的进步，其地面分辨率接近回收胶卷型的水平，大有取代返回式卫星之势。

尖兵三号（资源2号）：光电成像数据传输型普查卫星，2000—2004年间发射3次，全部成功，寿命两年，首发星地面分辨率3米，后续星达到1.5米，用以接替尖兵一号乙返回式普查卫星。

尖兵五号（遥感1号）：合成孔径雷达侦察卫星，2006年4月发射，地面分辨率5米。

尖兵六号（遥感2号）：光电成像数据传输型详查卫星，2007年5月发射一次，地面分辨率一米，计算机增强处理后图像地面分辨率0.6米，用以接替尖兵二号返回式详查卫星。

尖兵七号（遥感3号）：合成孔径雷达侦察卫星，2007年11月发射，地面分辨率比尖兵五号有新的提高。

海南文昌航天发射场

2007年9月21日国务院、中央军委批准在海南省文昌市建设新航天发射场。这是继酒泉、西昌、太原三大内陆发射场后，中国建设的首个滨海发射基地，它将用于满足中国航天发展的新需要。

中国第四个航天发射场

我国的第一个航天发射场酒泉卫星发射中心始建于1958年，现有酒泉、太原、西昌三个发射场，共进行航天发射100余次，先后将百余颗卫星和9艘载人飞船送入太空。为了适应我国航天事业可持续发展战略，满足新一代无毒、无污染运载火箭和新型航天器发射需要，我国决定建立第四个航天发射场——文昌新航天发射场，这是我国第一个靠近赤道的海滨发射基地。

文昌新航天发射场规划总占地面积1.7万多亩，包括一个火箭装配厂、一个指挥中心和一个“航天主题公园”。将于2013年建成，2014年具备火箭首次飞行条件。

发射场建成后首先用于发射的将是“长征五号”火箭。“天宫一号”等与“长征五号”配套的空间站以及其他适合低纬度发射的通信、气象卫星，都将在文昌发射。俗称“大火箭”的“长征五号”计划在2014年首飞。

文昌新航天发射场发射流程大致如下：火箭装载运输船从天津港出发，经渤海、黄海、东海、台湾海峡、南海、琼州海峡等海域，经过5至7天时间，航行约1800海里，到达海南省清澜港西码头，再通过公路运往火箭水平转载准备厂房。航天器则可空运至海口美兰机场，经高速公路运往航天器总装测试厂房。火箭在综合测试大厅进行测试后，进入垂直总装测试厂房进行起竖、对接、综合测试。完成总装测试后，以垂直状态运到加注与整流罩装配厂房，进行推进剂加注和整流罩装配。然后以航天器/整流罩组合体形式垂直转运至火箭垂直总装测试厂房与火箭对接安装，火箭、航天器联合总检查以及相关转场准备工作后，垂直整体运输至发射工位，实施燃料加注，火箭点火发射。

海南航天发射场建成使用后，不仅可以基本满足中外各种轨道卫星发射的要求，也为我国运载火箭更多参与国际商业航天发射提供了广阔空间，有利于促进中国空间技术发展良性循环。同时，海南航天发射场对于优化和完善中国航天发射场布局、推动航天事业可持续发展具有重要战略意义，并对带动海南省基础设施建设、促进当地旅游业发展、繁荣区域产业具有积极作用。

选择海南文昌

20世纪70年代，中国建设航天发射场时，均选址在戈壁、高原和深山。中国新一代航天发射中心选址海南，最明显的一个优势就是其地理区位优越。

目前，国际上公认最理想的发射场都是设在赤道附近的。如设在南美洲圭亚那库鲁的发射场，该发射场的纬度为南纬5°，欧洲“阿丽亚娜”火箭就是在这里发射的。在赤道附近发射地球同步轨道卫星时，入轨距离较近，卫星可以消耗较少的能量就能到达预定轨道，并且可以充分利用地球自转的能量，从而节省了卫星的能源，延长了卫星的运行寿命。

文昌市位于海南岛东北部，东经11°、北纬19°。与位于北纬27°左右的西昌发射场相比，从文昌基地发射火箭，有效载荷将提高7.4%，可使我国现有的运载火箭有效载荷提高300多千克，而目前国际上1000克有效载荷的发射价格就是2万美元。

此外，进入太空的卫星，其运行轨道和地球静止轨道有一定的夹角，卫星进入工作状态时，夹角必须校正到0度。火箭从海南发射后的夹角为19度，从西昌发射后的夹角为27度，仅在校正夹角上，文昌卫星发射基地与西昌相比，节省的燃料就可以让卫星多运行3年。

海南航天发射场的另一个优势是位于滨海地区，大型运载火箭运输方便。中国最新的长征五号大型运载火箭拥有25吨的低轨道运载能力，可以发射空间站、大型空间望远镜、返回式月球探测器、深空探测器、超重型应用卫星等。长征五号的直径结构达5米，而受铁路隧道直径的限制，超过3.5米直径的火箭箭体和发动机就不便用铁路运输。

海南航天发射场邻近的清澜港，是海南省五大枢纽港之一，可停泊5000吨级船只，稍加改建就可以容纳运送大型火箭的滚装船，因此，海南航天发射场火箭的大小将不再成问题。

海南航天发射场还具有射向范围宽、安全度高的优势，可以满足地球同步卫星、大质量极轨卫星、大吨位空间站、深空探测等航天器的发射任务。与现有航天发射场相比，火箭航区、残骸落区安全性好，会大幅降低发射后未燃尽残骸造成意外的几率。即使出现发射意外，火箭和卫星也不会掉落在陆地上，所以非常安全。

一个开放的发射场

文昌发射中心是一个完全开放的发射中心，这里将建立我国唯一的一个航天主题公园。海南航天主题公园是海南省与中国航天科技集团公司的战略合作项目，是国家发改委在2010年6月批复的《海南国际旅游岛建设发展规划纲要》确定的海南重点旅游建设项目之一。项目由香港上市公司中国航天控股国际有限公司所属全资企业——海南航天投资管理有限公司负责投资建设。

公园建成后，原来收藏在西昌以及其他卫星发射基地的运载火箭残骸，如“神州一号”“神州二号”“神州三号”等等，以及完成了我国首个载人航天飞船任务的“神州六号”，还有将来“嫦娥”从月球上回来以后，以及将来其他发射上天的卫星火箭功成身退后都将会在主题公园内安家。可以说，将来只要到航天主题公园，就能从实物中了解到新中国成立60多年来的航天发展历史。

除了有卫星火箭实体参观，将来的航天主题公园还能给游客一个亲身感受太空生活的机会。主题公园内将会建设一个太空馆，里面除了介绍不同的运载火箭以及卫星，还将设置一个太空模拟空间，里面模拟真实的太空观察月球和地球的景色，游客可以像太空员一样感受漫步太空的感觉。

航天主题公园的建设一期面积约6100亩，基本上全部坐落在东郊镇范围内。一期大概投资70亿，总投资约120亿，分为模拟太空、航天博物馆、航天专家休闲度假区等5大功能区，将来是集旅游观光、航天科普为一体的主题公园。航天主题公园将于航天发射场同时建设。建成后，可同时容纳3000人观看火箭发射。

海南航天主题公园的建成，将填补中国乃至亚洲地区航天旅游的空白，提升海南旅游行业的国际影响力和竞争力，对海南旅游轻型升级和推进国际旅游岛建设将产生重大影响。

“天宫”系列太空实验室

2011年9月29日21时16分3秒，“天宫一号”目标飞行器和空间实验室在酒泉卫星发射中心发射。它的发射标志着我国迈入航天“三步走”战略的第二步第二阶段。我国计划在2014年用“长征五号”火箭把空间站送上太空，到时候我国最终将建设一个基本型空间站。

建设中国第一个宇宙空间站

按照国家航天发展规划，中国航天的目标分为三大步。第一步是把人送上太空，这个目标在神舟五号顺利升空时即已达成。第二步是继续突破载人航天的基本技术：多人多天飞行、航天员出舱在太空行走、完成飞船与空间舱的交会对接。第三步就是建立永久性的空间实验室，进行科学实验。2008年9月25日神舟七号升空，意味着三步曲中的第二音阶已经奏响，随后的神舟八号到神舟十号飞船相继升空，以奇丽的太空之舞构筑起中国自己的“天宫”系列太空实验室。

2011年11月1日中国发射“天宫一号”目标飞行器和“神舟八号”宇宙飞船，实施中国首次空间飞行器无人交会对接飞行试验。此后，2012年6月16日发射神舟九号飞船，与“天宫一号”进行交会对接，以突破和掌握飞行器空间交会对接技术。“天宫一号”既是交会对接目标飞行器，也是一个空间实验室，我国科学家将以此为平台开展空间实验室的有关技术验证。“天宫一号”预计将在太空运行两年时间。

有了自己的空间实验室甚至空间站，也就有了更多用于空间科学试验的空间，空间应用系统在载人航天工程中的比重也将随之增大。外太空处于真空和失重状态，而且没有大气的阻隔，太空中还有太阳电磁辐射和高能粒子辐射，这样的环境不适合人类居住，但却为人类提供了独特的试验环境。

第一个太空站会是什么模样？

“天宫”系列空间实验室采用两舱结构，分别为实验舱和资源舱。该站的大致模样：包括一个核心舱、一架货运飞船、一架载人飞船和两个用于实验等功能的其他舱，其中核心舱可不断加舱。

中国的首个空间站是一个符合中国需要、规模适度的空间站。实验舱可保证舱压、温湿度、气体成分等航天员生存条件，可用于航天员驻留期间在轨工作和生活，密封的后锥段安装再生生保等设备。实验舱前端安装一个对接机构，以及交会对接测量和通信设备，用于支持与飞船实现交会对接。资源舱为轨道机动提供动力，为飞行提供能源。航天员的生活必需品和工作所需的材料、设备均由飞船运送。载人飞船停靠在实验室外边，作为应急救生飞船，如果实验室发生故障，可随时载航天员返回地面。航天员工作完成后，乘飞船返回。

空间实验室的建设过程是，先发射无人空间实验室，而后再用运载火箭将载人飞船送入太空，与停留在轨道上的实验室交会对接，航天员从飞船的附加段进入空间实验室，开展工作。

2011年发射的“天宫一号”目标飞行器，实际上是空间实验室的实验版，重仅8.5吨。其主体为短粗的圆柱型，直径比神舟飞船更大，前后各有一个对接口。

中国空间技术研究院研制的“天宫二号”空间实验室预计将于2014年发射，将主要开展地球观测和空间地球系统科学、空间应用新技术、空间技术和航天医学等领域的应用和试验。

“天宫三号”空间实验室将主要完成验证再生生保关键技术试验、航天员中期在轨驻留、货运飞船在轨试验等，还将开展部分空间科学和航天医学试验。

长征五号火箭当坐骑

据估计，我国有望在2020年前后发射上百吨级的空间试验站。而在此之前，至少需要进行两三次空中对接试验。目前，“天宫一号”已与神舟八号和神舟九号飞船成功对接。其中神舟八号为无人飞船，执行无人交会对接；神舟九号则为载人飞船，执行无人交会对接和手控交会对接任务。手控交会对接任务的顺利完成，标志着我国全面掌握了空间交会对接技术。神舟十号于2013年6月发射，它在载人情况下与“天宫一号”进行无人交会对接和有人交会对接。

另外，只有具备了20吨以上运载能力的火箭，才能发射百吨级空间试验站的核心舱，此外空间站在运行期间也需要大运载能力的货运飞船来回运输大量物资，而目前我国的火箭运载能力只有10吨。所以新一代大推力长征五号运载火箭正在加紧研制。其运载能力将达到25吨，基本与国际上的顶级水平相当，可以满足在低轨道发射空间实验室的需要，也可以在高轨道为月球探测和其他深空探测服务。

“长征五号”是一种无毒无污染的高性能火箭，有4个助推器，身高59.5米，起飞重量为643吨，起飞推力为833.8吨。与现有的运载火箭相比，新一代运载火箭除了近地轨道的运载能力能从现在的10吨提高到25吨，地球同步转移轨道的运载能力也可以从现在的5.5吨提高到14吨。

14吨的运载能力意味着可以发射更重的、功能更全的卫星，可以进行一箭多星的发射，提高它的发射效率和组网的速度。25吨意味一次可以把25吨的载荷送入到地球的低轨道，也就是神舟飞船运行的这样一个轨道，可以进一步发展空间站、空间实验室。

中国探月工程

随着世界上重返月球的呼声不断高涨和一系列火星计划的出台，载人登月飞行和火星飞行将继续是21世纪世界航天的重点。未来，在突破上述技术后，随着技术的不断成熟和经济实力的不断增强，中国将积极参与对月球和火星的探索活动，为人类做出更大的贡献。为此，中国已经启动对月球探测的“嫦娥工程”。

长达10年的论证

发射人造地球卫星、载人航天和深空探测是人类航天活动的三大领域。开展月球探测工作是我国迈出航天深空探测第一步的重大举措。

月球具有可供人类开发和利用的各种独特资源，月球上特有的矿产和能源，是对地球资源的重要补充和储备，将对人类社会的可持续发展产生深远影响。2004年国务院正式批准绕月探测工程立项后，绕月探测工程领导小组将工程命名为“嫦娥工程”，将第一颗绕月卫星命名为“嫦娥一号”。

探月对国家经济的发展有着非常重要的意义。20世纪60年代的探月工程证实，空间探测是一个具有高科技和高经济产出率的项目，它能实现的真正价值远远高于工程本身。以美国阿波罗号为例，当时美国登月虽然投资高达260亿美元，但其产生了3000多项新技术和2000亿美元的效益，并带动整个国家高新技术的发展。很多新技术推广使用的间接效益是难以计算的，日常生活中随处都有航天技术的影子，例如，现在婴儿用的尿不湿最初就是为航天员设计的。像这样的例子不计其数，据计算，美国在航天上投资1美元平均能得到4～5美元的回报。

中国目前虽然已经实现了载人航天计划，但在深空探测领域仍然是一个空白。在国力能够承担的情况下，启动探月工程将极大推动科技发展，对于中国经济发展也有着深远意义。

早在1962年起，我国学者特别是中国科学院相关单位的研究人员就开始了对“月球号”“徘徊者”“勘测者”“月球轨道”和“阿波罗”等西方发射的月球系列探测器进行跟踪性与综合性研究。1986年3月，4位著名的老科学家——王大珩、王淦昌、杨嘉墀、陈芳允联名呼吁“中国要跟踪研究国外战略性高技术的发展”，邓小平也在这份建议书上作了“此事宜速作决断，不可拖延”的批示。中央很快便组织了数百位专家就此事进行论证。之后，选取了生物技术、航天技术、信息技术、先进防御计划、自动化技术、能源技术和新材料等7个领域的15个主题项目，作为我国今后发展高技术的重点。这就是“863计划”。

由于航天技术是863计划选定的第二个高技术领域，因此“863-2”至今被冠在其研究子课题编号之前。航天专家在论证该领域的研究目标时，认为我国已经具备了返回式卫星、气象卫星、资源卫星、通信卫星等各种应用卫星的研制和发射能力，但在载人航天方面仍是空白。当时的航天部组织了载人航天可靠性论证。但由于载人航天投入大，风险高，直接经济效益不明显，对于中国究竟要不要搞载人航天，专家们存在较大的分歧。这场争论一下子就进行了5年。

真正意义上的探月构想是在1994年提出的，此后的10年间主要是在进行论证过程。经过10年的酝酿，中国的探月工程最终确定分为“绕”“落”“回”3个阶段。

第一期绕月工程将在2007年发射探月卫星“嫦娥一号”，对月球表面环境、地貌、地形、地质构造与物理场进行探测。

第二期工程时间定为2007年至2010年，目标是研制和发射航天器，以软着陆的方式降落在月球上进行探测。具体方案是用安全降落在月面上的巡视车、自动机器人探测着陆区岩石与矿物成分，测定着陆点的热流和周围环境，进行高分辨率摄影和月岩的现场探测或采样分析，为以后建立月球基地的选址提供月面的化学与物理参数。

第三期工程时间定在2011至2020年，目标是月面巡视勘察与采样返回。其中前期主要是研制和发射新型软着陆月球巡视车，对着陆区进行巡视勘察。后期即2015年以后，研制和发射小型采样返回舱、月表钻岩机、月表采样器、机器人操作臂等，采集关键性样品返回地球，对着陆区进行考察，为下一步载人登月探测、建立月球前哨站的选址提供数据资料。此段工程的结束将使我国航天技术迈上一个新的台阶。

经过数年的研制工作，2007年10月24日18时05分，中国第一颗探月卫星嫦娥一号在西昌卫星发射中心，由长征三号甲运载火箭成功发射升空并进入预定轨道。2010年10月1日18时59分57秒嫦娥二号在西昌卫星发射中心发射。这是嫦娥一号卫星的姐妹星，由长征三号丙火箭发射。由于嫦娥二号的主要任务是要获得更清晰更详细的月球表面影像数据和月球极区表面数据，因此卫星上搭载的CCD照相机的分辨率将更高，达到10米左右，其他探测设备也将有所改进，所探测到的有关月球的数据将更加翔实。按照探月工程计划，嫦娥三号、四号将于2013年后发射升空。从论证到发射，我国探月工程已经取得了辉煌的成绩。

“嫦娥一号”探月卫星

“嫦娥一号”是中国自主研制、发射的第一个月球探测器，由中国空间技术研究院承担研制，以中国古代神话人物嫦娥命名。嫦娥一号主要用于获取月球表面三维影像、分析月球表面有关物质元素的分布特点、探测月壤厚度、探测地月空间环境等。

嫦娥一号卫星的总重量为2350千克左右，尺寸为2000毫米×1720毫米×2200毫米，太阳能电池帆板展开长度18米，预设寿命为1年。2009年3月1日完成使命，撞向月球预定地点。嫦娥一号发射成功，中国成为世界第五个发射月球探测器国家、地区。

嫦娥一号平台以中国已成熟的东方红三号卫星平台为基础进行研制，并充分继承“中国资源二号卫星”“中巴地球资源卫星”等卫星的现有成熟技术和产品，进行适应性改造，对结构、推进、电源、测控和数传等8个分系统进行了适应性修改。

根据中国月球探测工程的四项科学任务，嫦娥一号上搭载了8种24台科学探测仪器，重130千克，即微波探测仪系统、γ射线谱仪、X射线谱仪、激光高度计、太阳高能粒子探测器、太阳风离子探测器、CCD立体相机、干涉成像光谱仪。为了采集、存储、处理、和传输有效载荷的科学数据，还专门设计了一套有效载荷数据管理系统。

CCD立体相机和激光高度计共同完成第一个科学目标，即获取月球表面三维立体影像；干涉成像光谱仪和γ/X射线谱仪完成第二个科学目标，即分析月球表面有用元素及物质类型的含量和分布；微波探测仪完成第三个科学目标，即测量月壤厚度和评估氦-3资源量；空间环境探测完成第四个科学目标，即地月空间环境探测。

CCD立体相机由光学系统、支撑光学系统的结构件、CCD平面阵列以及相应的信号处理子系统组成。卫星飞行时，三个平行的CCD线阵可以获取月球表面同一目标星下点、前视、后视三幅二维原始数据图像，经三维重构后，再现月表三维立体影像。

激光高度计系统用于测量卫星到月表星下点间的距离。激光高度计系统由激光发射器及接收器两大部分组成，其中的激光发射器用于发射激光脉冲到月球表面，接收器用于接收被后向散射的激光脉冲，激光脉冲的往返时间给出了卫星到月表的距离信息。

干涉成像光谱仪用以获取月球表面多光谱图像。它包括三个主要的光学子系统：Sagnac干涉计、傅立叶变换透镜和柱形透镜。

γ/X射线谱仪用以测量月球表面元素的种类和丰度。月球表面物质的原子或原子核受到宇宙线粒子的轰击而激发，会产生特征的X射线和γ射线；一些天然放射性元素可以自己发射核γ射线，不同的元素可释放不同能量的特征γ谱线。通过γ射线谱仪测量这些特征γ谱线的能量和通量，科学家可以推导出月表元素的种类和丰富程度。作为月面成分研究，γ射线谱仪和X射线谱仪的测量结果可以很好地互相补充。

微波探测仪是嫦娥一号卫星有效载荷之一，设计成多频段微波辐射计。微波探测仪的科学目标是利用微波信号对月球表面物质的穿透传播特性，从表征月球物质微波辐射的亮温数据中，获取月球月壤的厚度信息，获得月球黑夜的微波遥感信息和获得月球两极的微波遥感信息。利用微波辐射计对月球探测在国际上尚属首次。月球微波遥感信息的获取和月壤信息的反演将大大丰富人类对月球的认识。

空间环境探测系统包括太阳高能粒子探测器和两台太阳风离子探测器。太阳高能粒子探测器用以分析地月空间和绕月空间环境的质子、电子和重离子。高能离子探测器包括传感器和信号处理子系统。两台太阳风离子探测器用以分析地月和月球空间环境的太阳风中的低能离子。太阳风离子探测器的传感器由准直器、静电分析器和微通道板组成。

有效载荷数据管理系统（PDMS）是一个基于1553B总线的分布式系统，系统由总线控制器（BC）、大容量存储器（SSR）、高速复接器（HRM）、远置终端（RT）及载荷配电器（PPD）组成。大多数有效载荷通过1553B总线实现与PDMS间的通信，激光高度计和空间环境监测系统则被连接到了RT上。载荷的科学数据和工程参数可由PDMS通过1553B总线获取并存储到SSR中。当卫星在地面站可接收范围内时，所存储的数据及实时数据将由HRM根据国际空间数据系统咨询委员会标准组装为编码的虚拟信道数据单元串行序列，然后下行到地面。PDMS是一个灵活、高效的系统，如果任务中某个载荷停止了探测，则其他载荷可分享其存储及传输资源。

500米口径射电望远镜

1993年国际无线电联大会上，包括我国在内的10国天文学家提出建造巨型望远镜计划。随后，我国天文学家即提出在贵州喀斯特洼地中建造大口径球面射电望远镜的建议和工程方案，这一研究工作得到了国际天文学界的广泛支持。2007年，500米口径球面射电望远镜项目批准立项。这一巨型天文望远镜建成后，不仅将成为世界第一大单口径天文望远镜，并将在未来20年至30年内保持世界领先地位。

世界最大单口径天文射电望远镜

2008年在贵州省平塘县克度镇一片名叫大窝凼的喀斯特洼地中，架起了一个能够探寻和接受可能存在“地外文明”信息的射电天文望远镜——500米口径球面射电望远镜。

500米口径球面射电天文望远镜（Fivehundred meters Aperture Spherical Telescope，简称FAST）拥有约30个足球场大的接收面积，是目前世界上最大的单口径射电天文望远镜。与其他望远镜不同，它既不是架在山顶，也不遨游太空，而是在贵州一片喀斯特洼地中立足，犹如一只巨大的“天眼”，探测遥远、神秘的“天外之谜”。

台址的选定对建设大型天文望远镜是十分关键的，要考察的因素很多，如气候、气象、土地利用、无线电环境、地质、人口、经济、劳动力、电力、交通、通信、网络等，因为其中任何一项对今后的运行都会产生影响。贵州省平塘县这一喀斯特地区发育的洼坑，就像一个天然的巨碗，刚好盛起望远镜约20万平方米的巨型反射面。建成后的望远镜将会填满整个山谷。大窝凼不仅具有一个天然的洼地可以架设望远镜，而且喀斯特地质条件可以保障雨水向地下渗透，而不在表面淤积，腐蚀和损坏望远镜。此外，还有极端宁静的自然环境，由于无线电环境对射电望远镜影响极为重要，项目地址半径5千米之内必须保持宁静和电磁环境不受干扰。大窝凼附近没有集镇和工厂，在5千米半径之内没有一个乡镇，25千米半径之内只有一个县城，是最为理想的选择。

此项目总投资6.27亿元，建设期为5年，2008年12月26日在贵州平塘正式开工。它的建设将形成具有国际先进水平的天文观测与研究平台，探寻被称为21世纪物理学最大之谜的“暗物质”“暗能量”本质，为中国开展宇宙起源和演化、太空生命起源和寻找地外文明等研究活动提供重要支持。

46万块三角形面板

射电天文望远镜通常由三个主要部分构成：汇聚电磁波的反射面、收集信号的接收机以及指向装置。FAST在贵州喀斯特洼地内铺设口径为500米的球冠形主动反射面，通过主动控制在观测方向形成300米口径瞬时抛物面；采用光机电一体化的索支撑轻型馈源平台，加之馈源舱内的二次调整装置，在馈源与反射面之间无刚性连接的情况下，实现高精度的指向跟踪；在馈源舱内配置覆盖频率70兆赫兹～3千兆赫兹的多波段、多波束馈源和接收机系统；针对FAST科学目标发展不同用途的终端设备，建造一流的天文观测站。

500米口径的反射面由约1800个15米的六边形球面单元拼合而成。此方案改正了球差，简化了馈源，克服了球反射面线焦造成的窄带效应。2010年12月21日，中国航空工业集团贵州云马飞机制造厂，运用航空制造技术，成功完成了FAST项目12米相似三角形铝合金面板模型制作。该模型由100个1.2米等边三角形构成，每个等边三角形交点孔位精度保持在0.1～0.15毫米。整个FAST项目，共需要制造安装46万块1.2米等边三角形面板。

建成后的FAST与号称“地面最大的机器”的德国波恩100米望远镜相

比，灵敏度提高约10倍；与排在阿波罗登月之前、被评为“人类20世纪十大工程”之首的美国阿雷西博300米望远镜相比，其综合性能提高约10倍。

广泛的应用价值

FAST作为一个多学科基础研究平台，有能力将中性氢观测延伸至宇宙边缘，观测暗物质和暗能量，寻找第一代天体。能用1年时间发现约7000颗脉冲星，研究极端状态下的物质结构与物理规律；有希望发现奇异星和夸克星物质；发现中子星-黑洞双星，无需依赖模型精确测定黑洞质量；通过精确测定脉冲星到达时间来检测引力波；作为最大的台站加入国际甚长基线网，为天体超精细结构成像；还可能发现高红移的巨脉泽星系，实现银河系外第一个甲醇超脉泽的观测突破；用于搜寻识别可能的星际通信信号，寻找地外文明等等。

FAST在国家重大需求方面有重要应用价值。把我国空间测控能力由地球同步轨道延伸至太阳系外缘，将深空通信数据下行速率提高100倍。脉冲星到达时间测量精度由目前的120纳秒提高至30纳秒，成为国际上最精确的脉冲星计时阵，为自主导航这一前瞻性研究制作脉冲星钟。进行高分辨率微波巡视，以1赫兹的分辨率诊断识别微弱的空间讯号，作为被动战略雷达为国家安全服务。作为“子午工程”的非相干散射雷达接收系统，提供高分辨率和高效率的地面观测；跟踪探测日冕物质抛射事件，服务于太空天气预报。

FAST研究涉及了众多高科技领域，如天线制造、高精度定位与测量、高品质无线电接收机、传感器网络及智能信息处理、超宽带信息传输、海量数据存储与处理等。FAST关键技术成果可应用于诸多相关领域，如大尺度结构工程、千米范围高精度动态测量、大型工业机器人研制以及多波束雷达装置等。FAST的建设经验将对我国制造技术向信息化、极限化和绿色化的方向发展产生影响。

北斗卫星导航系统

美国的全球卫星定位系统（GPS），是世界上第一个全球卫星导航系统。GPS在相当长的一段时间内垄断了全球军用和民用卫星导航市场。为了打破美国垄断，取得在卫星通信方面的独立地位，我国自主研发了一个卫星定位系统。从2009年开始我国每年发射6颗北斗定位卫星，目前已初步形成4颗静止卫星、12颗中轨星、9颗高轨星的北斗二代导航卫星。

世界第三套全球卫星导航系统

北斗卫星导航定位系统是由中国自行研发的区域性有源三维卫星定位与通信系统（CNSS），是继美国的全球定位系统（GPS）、俄罗斯的格洛纳斯（GLONASS）定位系统之后世界第三个成熟的卫星导航系统。

北斗定位系统可向用户提供全天候、24小时的即时定位服务，定位精度可达数十纳秒的同步精度，其精度与GPS相当。我国在2000年至2007年先后发射了4颗“北斗一号”卫星。这种区域性（中国境内）的卫星导航定位系统，正在为我国陆地交通、航海、森林防火等领域提供着良好服务。

我国早在20世纪60年代末就开展了卫星导航系统的研制工作，但由于多种原因而夭折。70年代后期以来，国内开展了探讨适合国情的卫星导航定位系统的体制研究，先后提出过单星、双星、三星和3-5星的区域性系统方案，以及多星的全球系统的设想，并考虑到导航定位与通信等综合运用问题。但是由于种种原因，这些方案和设想都没能够得到实现。

1983年，“两弹一星”功勋奖章获得者陈芳允院士和他的合作者提出利用两颗同步定点卫星进行定位导航的设想。经过分析和初步实地试验，该设想证明效果良好。这一系统被称为“双星定位系统”。双星定位导航系统为我国“九五”列项，其工程代号取名为“北斗一号”。

曾有国内媒体报道称，“北斗一号”系统是中国版“GPS”，其实这并不准确。首先，“北斗一号”是区域卫星导航系统，只能覆盖中国及其周边地区；而GPS和GLONASS都是全球导航定位系统，在全球的任何一点，只要卫星信号未被遮蔽或干扰，都能接收到三维坐标。其次是作用原理不同，“北斗一号”是用户先发射需要定位的信号，通过卫星转发至地面控制中心，地面控制中心解算出位置后再通过卫星转发给用户；而GPS和GLONASS只需要接收4个卫星的位置信息，由自己解算出三维坐标。这是由于“北斗一号”本身是两维导航系统，仅靠2颗卫星的观测量尚不能定位，观测量的取得及定位解算均需在地面中心站进行。

虽然不及GPS神通广大，但“北斗一号”系统也有着GPS和GLONASS无法比拟的独特优势。“北斗一号”系统主要有三大功能：快速定位，为服务区域内的用户提供全天候、实时定位服务，定位精度与GPS民用定位精度相当；短报文通信，一次可传送多达120个汉字的信息；精密授时，精度达20纳秒。

北斗二代

继美国的GPS系统升级，俄罗斯的GLONASS系统扩建，以及欧盟的“伽利略计划”之后，中国也继续升级了自己的全球卫星导航定位系统——“北斗第二代导航卫星网”。

“北斗一号导航系统”是区域卫星导航系统，北斗二代卫星可实现全球的定位与导航。“北斗第二代导航卫星网”将由 5 颗静止轨道卫星和30颗非静止轨道卫星组成，提供两种服务方式：开放服务和授权服务。其中5颗静止轨道卫星，即高度为36000千米的地球同步卫星；5颗静止轨道卫星在赤道上空的分布为东经58.75°、80°、110.5°、140°和160°，提供RNSS（卫星天线电导航）和RDSS（卫星无线点测定）信号链路。30颗非静止轨道卫星由27颗中轨卫星和3颗倾斜同步卫星组成，提供RNSS信号链路，27颗中轨卫星分布在倾角为55度的三个轨道平面上，每个面上有9颗卫星，轨道高度为21500千米。

每颗卫星都发射4个频率的载波信号用于导航：1561.098兆赫（B1）、1589.742兆赫（B1-2）、1207.14兆赫（B2）、1268.52兆赫（B3）。每个载波信号均有正交调制的普通测距码（I支路）和精密测距码（Q支路）。卫星以不同地址码区分。

开放服务是在服务区免费提供定位、测速和授时服务，定位精度为10米，授时精度为50纳秒，测速精度为0.2米/秒。授权服务是向授权用户提供更安全的定位、测速、授时和通信服务以及系统完好性信息。

第二代导航卫星系统与第一代导航卫星系统在体制上的差别主要是：第二代用户机可免发上行信号，不再依靠中心站电子高程图处理或由用户提供高程信息，而是直接接收卫星单程测距信号自己定位，系统的用户容量不受限制，并可提高用户位置的隐蔽性。其代价是：测距精度要由星载高稳定度的原子钟来保证，所有用户机使用稳定度较低的石英钟，其时钟误差作为未知数和用户的三维未知位置参数一起由4个以上的卫星测距方程来求解。这就要求用户在每一时刻至少可见4颗以上几何位置合适的卫星进行测距，从而使得星座所需卫星数量大大增多，系统投资将显著增加。

歼-10战斗机

2006年12月29日，中央电视台《新闻联播》播放了歼-10飞机已批量装备部队的消息。这是歼-10飞机首次公开亮相，立刻引起世人关注。歼-10是我国第一种自行设计制造并批量装备部队，真正兼有空优/对地双重作战能力的第三代战斗机。歼-10战机的研制成功，不仅是军机升级换代，由于它涉及了许多现代的尖端科技，实际上是中国军工水平的重大飞跃。目前，“歼”战斗机已经成功研发到了第十八代，都是在歼-10的基础上研发的。

勒紧裤腰带也要搞自主研发

20世纪70年代末，我国航空技术和美俄英法等强国有着巨大的差距，在现代飞机的主要指标电传操纵、精确打击、先进电子系统（包括雷达、电子战）等方面急待改进。80年代，国外先进的第三代战机美国的F-15、F-16和苏联米格-29开始装备并应用实战。在目睹了两次伊拉克战争、科索沃战争、阿富汗战争，领略了“主宰天空”对现代战争意味着什么之后，中国航空界感到了巨大的压力和责任。

我国航空工业是在苏联模式下建立起来的，长时间以来的发展模式就是“引进—仿制—改进”这样的简单模式。在这样的模式下，中国航空长期以来依靠苏联方面的技术援助与支持，在独立创新方面严重经验不足。随着60年代中苏关系的交恶，中国航空已经不能再指望从苏联方面获得最新型战斗机的相关技术，而必须走上一条自主研发的道路。

当时的中国空军，主要装备的仍然是以歼-6、歼-7为代表的第二代战斗机。尽管中国自行改进的歼-7战斗机性能与传统的米格-21相比已经有了很大提高，但作为第二代战斗机，其综合作战效能还是远不如第三代战斗机，尤其是在超视距作战性能方面。鉴于形势的需要，国家提出研发新一代战斗机来满足国防需要。但这样一架自主研发的战机，其所需的人力物力远远超出当时的国力所限。但当时国家领导人听后，极具远见地批示了这么一句话：“勒紧裤腰带也要搞！”

1980年代初，航空工业重新制定了“更新一代、研制一代、预研一代”的发展方针，即用较先进的歼-7、歼-8替代部分老式战机；研制歼-7、歼-8的后继改进型；以米格-29、苏-27为主要作战目标，预研能够满足2000年前后作战需要的先进战斗机。

中国航空科技的历史性跨越

歼-10的研制过程中，攻克了包括国内首次研制多功能火控雷达、自适应电子对抗、机载分子筛选氧、高机动防护救生、四余度不间断供电、数字式燃油测量、高效环境控制等一系列难题。同时，为了提高整个项目的研制效率，歼-10飞机在研制过程中进行了大量仿真实验，通过虚拟现实技术对各项系统进行检测，减少了空中试飞的次数和危险性，降低了研制成本，提高了研制效率。

歼-10采用了三角中单翼加三角前翼的近耦合鸭式布局，前翼和主翼面积均较大，并且主翼根部采用了小翼身融和体设计。歼-10进气道置于机腹部，其唇口很薄，阻力小，有进气锥，为超音速进气道，非常适合发动机在超音速状态下工作。

在机体结构和制造工艺方面，歼-10已经达到世界第三代战斗机的先进水平。歼-10翼身融合体和大三角翼布局使得内部油箱的容积增大，有助于改善中国战斗机航程短的问题。

由于我国复合材料技术的发展，保障了歼-10复合材料的用量能达到国际第三代战斗机的水平。北京航空制造工程研究所承担了歼-10的复合材料构件制造、钛合金热成形、框肋类零件数控加工、机翼壁板抛丸成形以及计算机辅助制造软件开发、蜂窝芯建模等任务，同时提供复合材料树脂和蜂窝芯。上述工作，对我国发展复合材料蜂窝夹芯构件设计与制造技术起到了推动作用。

歼-10垂尾根部布置了减速伞舱，伞具由长期研制生产减速伞、降落伞、炸弹伞的宏伟机械厂负责研制，是类似苏-27的十字形结构。歼-10的前起落架为双轮，考虑了着舰或粗暴着陆的需求，向后收起。该前起落架在研制时是三“新”产品，四川成飞公司仅为此就组织了4个突击队、80多人攻关，改造机床、实验、试制产品并行开展。其轮胎由中橡集团曙光橡胶工业研究设计院负责研制，该院具有生产波音等大型客机的橡胶轮胎的丰富经验。新的主起落架在机身下方，向前收起。歼-10的起落架采用了我国自行研制的碳刹车机轮、碳刹车盘及碳盘防氧化涂层，上述设备通过了中国航空机载设备总公司组织的技术评审，于1991年装机试飞，1997年随整机成功首飞。

歼-10有一套先进而复杂的综合航空电子系统，利用两条双余度的1553B总线，采用国际流行的分布嵌入式计算、开放式集中的总线结构，将飞控、导航、通信、目标识别、火控、武器管理及座舱显示等各个子系统连接在一起，形成一个综合航空电子系统。系统水平完全可以媲美各国三代战机最先进的系统。

座舱显示采用一平三下的模式，一台宽视角的平显，瞬时视场不小于28度，可以显示导航、雷达、红外搜索/跟踪系统和机载光电吊舱的信息。三台多功能LCD显示器，可以分别显示电子地图、雷达图像和飞行状态等信息，具有高背光防眩、夜光操作功能，支持飞行员戴微光夜视仪操作，显示器的亮度，对比度有智能化自动控制，也可以手动调节设置。每个下显都由周围的按钮控制，飞行员可以选择自己喜欢的方式设置飞机的操作。

歼-10装备有高精度分布式大气数据计算机以适应其电传控制装置的需要。通信系统方面，在机背和进气道下方装备有的数据链系统刀型天线，其无线电台性能相当先进，结合中国大力发展的战术战场联合信息系统，可便捷地获得预警信息的支援，实现作战能力倍增。

歼-10的雷达告警接收机具有存储100个型号的对比库，拥有全波段、全波形、多通道处理能力，并且可以利用惯性导航系统的高精度信号，利用相参技术获得信号源相对精确的位置，能够根据数据库信息比对大致判断出信号源的类别甚至型号，从而获得威胁级别的鉴定。这一系统是战斗机最要紧的电子设备之一，在中国长期缺乏良好的机头雷达的时候，对这一系统的发展花费过极大的精力。

导弹逼近告警系统也是一个重点。歼-10的机身上有很多光学窗口，应用了分布式多波段全向导弹告警系统，具有红外/紫外波段的高精度导弹发射逼近告警设备。它能够从光学波段看到导弹的发射，能够极其精确地对导弹定位，还可以非常精确有效地控制CFD（红外/铂条干扰弹投放装置）投放干扰弹，合适的时机投放诱饵是自卫电子干扰系统中最有效也是最关键的，还可以及时地控制开外干扰机和滋味电子干扰机的开启。歼-10的航电系统还可以比较方便地进行软件升级，而不像早期的第三代战斗机那样，增加武器和航电系统的功能都需要进行专门的改进。这就是现代信息技术的作用。

电传操纵系统作为三代机最大的特点和技术瓶颈，一直制约着我国新型战机的研发工作。在歼-10的研制过程中，军方对飞机的设计要求一直都在提高。针对飞机放宽静稳定度后的飞行、操纵特点，我国技术人员开展了大量的前期试验与论证。沈阳飞机设计研究所歼-8IIACT的试飞为我国在高机动性战机的操纵、控制领域和主动升力控制技术方面提供了宝贵的数据参考。多轴变稳机上进行的验证试飞，为歼-10装备的电传操纵系统安全使用进行了充分的先前验证，使歼-10试飞的风险大大降低。

歼-10战机早期使用的是南京电子技术研究所研制的1473型脉冲多普勒雷达。该雷达从90年代初开始研制，1996年研制成功，2000年进一步改进，性能提升，吸收了多家雷达的长处，射距、多目标搜攻、抗干扰等方面整体优异。该雷达最大搜索距离为160千米，上视射距为100千米，下视射距为80千米，后视射距为40千米。可同时追踪10个以上空中目标，并引导导弹同时攻击其中4个最具威胁的空中目标。

歼-10的机腹进气道两侧可以吊挂国产的电子吊舱，这是多功能战斗机的重要装备之一。腹进气道挂架的另一侧，是歼-10的机炮舱，这个挂点能承受250千克左右的载荷，可以挂载精确制导炸弹。

歼-10装备的是湖北襄樊中国一航集团航宇救生装备有限公司研制的HTY-5型火箭弹射座椅，具备穿盖弹射、惯性肩带锁等技术，是我国安全救生包线最宽、采用新技术最多、性能最先进的火箭弹射座椅，已经达到国外发达国家现役飞机的第三代弹射救生装备的性能水平。

概括起来，歼-10在总体设计上与欧洲最新型战斗机不相上下，在气动性能上甚至优于西方现役的三代战斗机，但机载设备仍有差距。歼-10研制成功的意义在于，给了中国航空工业一个追赶西方先进水平的基础，使中西方差距从“望尘莫及”发展到今天中国也能够建立起自己的先进战机研发系统，这个价值是难以估量的。

严格的试飞过程

在歼-10的设计中，中国首次采用现代飞机设计理念，把人和系统放到一起进行研究，以达到人机一体。1993年，雷强、徐勇凌等5人脱颖而出，被确定为“首席试飞员小组”成员。同年，品质模拟试验台建成，上面的模拟器操作逻辑、灯光照明和座舱内所有设备都跟真飞机完全一样，试飞员还可以演练不同气象条件、不同特情的飞行状态。

1998年3月23日，歼-10样机首飞，雷强被定为试飞员。战机首飞绕着机场飞了三圈后，雷强发现油料还有剩余，就请示再飞一圈。20分钟后，新型战机在空中划过一道弧线，平稳降落在跑道上。

首飞仅仅是成功的第一步。试飞员们接下来的工作，是对战机进行反复检验，使设计缺陷逐一得到暴露、修改，为战机定型做准备，也为以后飞行员的操作提供依据。

1999年，何斌斌等第二批4名试飞员进入型号调整试飞。这是更大强度的试飞——只有飞出极限值，新型战机的性能才能得到拓展，战斗力才能得到提升。因为是极限情况，在第三代飞机的研制过程中，国外无一例外都摔过飞机。何斌斌在一次返航时就遇到黄沙袭击，地面风速达到14米/秒。经过这次试飞，改良后的歼-10的抗风性能得到成倍数增加。

“低空大表速”试飞，考验飞机结构强度的可靠性和颤振特性。低空大气稠密，飞机速度越快，速压越大，一旦越过临界点就会导致飞机解体。据统计，国外试飞这个课目解体摔掉的飞机不下50架。俄罗斯第一架苏-27试飞，就发生机毁人亡的惨剧。

2003年12月1日，李中华向“低空大表速”极限值发出挑战。飞机从万米高空以向下25度角度，全加力、超音速状态向下俯冲。油料往发动机里倾泼，大气与机身急剧摩擦产生的刺耳噪音盖过了发动机的轰鸣。到距地面不到千米时，飞机机头瞬间扬起，重新驶入天空。

2003年我国新型空空导弹研制成功，试飞员徐勇凌负责驾驶新型战机进行靶试。2003年12月21日和23日，徐勇凌两次升空，导弹发射成功。至此，国产第三代战机的定型试飞画上句号。

飞行测试全面完成后，歼-10获得了生产许可证。首批50架歼-10随后开始生产。作为单座歼-10基本型的补充，双座的改型也于2003年12月进行了首飞。双座型加长了机身，以容纳后座舱和增大机内油箱的载油能力。改型机的外观特征表明该机并不仅仅是教练机，而是意在发展成歼-10的电子战等其他型号战机。

上海同步辐射光源实验室

2010年1月19日，上海光源实验室顺利通过国家验收。上海光源是一台高性能的中能第三代同步辐射光源，它的英文全名为Shanghai Synchrotron Radiation facility，简称SSRF。它是我国迄今为止最大的大科学装置和大科学平台，在科学界和工业界有着广泛的应用价值，每天能容纳数百名来自全国或全世界不同学科、不同领域的科学家和工程师在这里进行基础研究和技术开发。

科研活动不可缺少的平台

上海光源工程总投资约12亿元人民币，其中国家安排投资4亿元，上海市和中国科学院各出资4亿元。工程坐落在浦东张江高科技园区的张衡路239号，于2004年12月启动，用地范围约20万平方米，相当于28个足球场。

同步辐射光源是指产生同步辐射的物理装置。它可同时提供从“硬X射线”到“远红外波段”的高亮度光束。自1947年同步辐射现象被首次观察到，这类光源装置至今已发展到第三代。各国家和地区现有同步辐射光源50多台，像上海光源这样的第三代光源。如今，全球每天都有上万名科学家和工程师利用这些光源产生的不同波长的光，从事前沿学科研究和高新技术开发。上海光源建成后总能量可跻身世界四强，成为我国新世纪必不可少的大科学平台。

该工程主体结构分为三部分，外圈为432米周长的大环储存器，与之相切的内圈是一个180米周长的小环增强器，它连接着中心位置上的直线电子加速器。这一整条“光电隧道”的能量传送方向为“直线–小环–大环”。

工程确保了光束流的轨道稳定在千分之二到千分之五毫米之间，达到国际高精尖水平。上海光源堪称各种光的“博物馆”，可为微电子、制药、新材料、生物工程、精细石油化工等众多先进制造业领域提供研发手段。

关于同步辐射光源

光是一种电磁波，也是一种粒子，叫做光子。人们用波长或者频率表征光波，也可以用能量表征光波。光的波长可从100纳米到3毫米，相应于光子的能量为100电子伏到$10E^{12}$电子伏。波长越短，能量越高。

接近光速运动着的电子或正电子在改变运动方向时放出的电磁波叫做辐射波，因为这一现象是在同步加速器上发现的，所以称为同步辐射。这种电子的自发辐射，强度高、覆盖的频谱范围广，可以任意选择所需要的波长且连续可调，因此成为一种科学研究的新光源。

同步辐射的本质与我们日常接触的可见光和X光一样，都是电磁辐射。由于同步辐射造成的能量损失极大地阻碍了高能加速器能量的提高，因此在早期同步辐射被作为高能物理极力要排除的因素。后来，人们发现同步辐射具有常规光源不可比拟的优良性能，如高准直性、高极化性、高相干性、宽的频谱范围、高光谱耀度和高光子通量等。

从20世纪70年代开始，发达国家逐步开展了同步辐射的应用研究，其卓越的性能为人们开展科学研究和应用研究带来了广阔的前景，因此在几乎所有的高能电子加速器上都建造了同步辐射线站，以及各种应用同步辐射光源的实验装置。

随着应用研究工作不断深入，应用范围不断拓展，人们对同步辐射光源的要求也不断提高，并经历了三代的快速历史发展阶段。第一代同步辐射光源是寄生于高能物理实验专用的高能对撞机的兼用机，如北京光源就是寄生于北京正负电子对撞机的典型第一代同步辐射光源；第二代同步辐射光源是基于同步辐射专用储存环的专用机，如合肥国家同步辐射实验室；第三代同步辐射光源是基于性能更高的同步辐射专用储存环的专用机，如上海光源。目前世界上已建成的第一代同步辐射光源有17台，第二代有23台，第三代有13台，正在建造和设计的第三代同步辐射光源有12台。

第一代、第二代、第三代同步辐射光源之间的最主要的区别，是在于作为发光光源的电子束斑尺寸或电子发射度的迥异。例如第二代的合肥同步辐射光源，其电子束发射度约150纳米弧度，而第三代的上海光源，其电子束发射度约4纳米弧度，二者相差近40倍，结果得到的光亮度差1600倍，近三个量级。另一显著差别是可使用的插入件的数量悬殊，第二代光源仅能安装几个插入件，而第三代光源可有十几个到几十个插入件。由于插入件产生的光较之弯转磁铁产生的光具有更高的亮度和更好的性能，插入件数量的多寡可直观地表征光源的性能的优劣。

上海光源的技术特征

此外，上海广源实验室还有很多新的技术特征。

性价比高：储存环的能量35亿电子伏特，在中能区光源中能量最高，性能优化在用途最广的X射线能区。利用近年来插入件技术的新进展，不仅可在光子能量为1千～5千电子伏特产生最高耀度的同步辐射光，而且在5千～20千电子伏特光谱区间可产生性能趋近60亿～80亿电子伏特高能量光源所产生的高耀度硬X光。

全波段：波长范围宽，从远红外线直到硬X射线，且连续可调。利用不同波长的单色光，可揭示用其他光源无法得知的科学秘密。

高强度：总功率为600千瓦，是X光机的上万倍。光通量大于1015光子/（S.10–3bw）。高强度和高通量为缩短实验数据获取时间、进行条件难以控制的实验以及医学、工业应用提供了可能。

高耀度：其耀度是最强的X光机的上亿倍，主要光谱覆盖区的光耀度为1017～1020光子/（S.mm2.mrad2.10–3bw）。高亮度为取得突破性科技成果提供了高空间分辨、高动量分辨和超快时间分辨的条件。

优良的脉冲时间结构：其脉冲宽度仅为几十皮秒，可以单束团或多束团模式运行，相邻脉冲间隔可调为几纳秒至微秒量级，能为研究化学反应动力过程、生命过程、材料结构变化过程和大气环境污染过程等提供正确可信的数据。

高偏振：上海光源中在电子轨道平面上放出的同步光是完全线极化的，而离开电子轨道平面方向发射的同步光则是椭圆极化的，因而是研究具有旋光性的生物分子、药物分子和表现为双色性的磁性材料的有力工具。

准相干：上海光源从插入件引出的高耀度光具有部分相干性，为众多前沿学科的显微全息成像分析开辟了道路。

高稳定性：可以提供十几到几十小时的稳定束流，光束位置稳定度仅约光斑的10%。

高效性：总共将建设近60条以上光束线和上百个实验站，给用户的供光机时将超过5000小时/年，每天可容纳几百名来自海内外不同学科领域或公司企业的科学家和工程师，夜以继日地在各自的实验站上使用同步辐射光。

灵活性：光源可运行于单束团、多束团、高通量、高亮度和窄脉冲等多种模式，可依据用户需求快速变换运行模式，以满足用户的多种需求。

前瞻性：首批光束线站的科学目标先进，能够满足我国多个学科领域对同步辐射应用的迫切需要，并至少具有30年科学寿命。

散裂中子源项目

中国目前拥有4座高亮度高性能的X射线源，分别位于北京、合肥、上海和台湾新竹，但尚未有高性能的脉冲中子源。如果能建造一座高性能的脉冲中子源将能使我国在物理学、化学以及21世纪最有生命力、最活跃的学科，如生命科学、材料科学、纳米科学、医药、新能源开发和一些工程技术应用领域取得不可估量的进步，很多过去无法涉足的研究和应用领域也能得以开展。

什么是散裂中子源

当一个中等能量的质子打到重核（钨、汞等元素）之后会导致重核的不稳定而“蒸发”出20～30个中子，这样重核“裂开”并向各个方向“发散”出相当多的中子，大大提高了中子的产生效率，按这种原理工作的装置称为散裂中子源。

中子的发现及其应用是20世纪最重要的科技成就之一。中子诱发核裂变的发现导致了核武器和核能源的开发。中子是研究物质结构和动力学性质的理想探针，中子散射技术已在很多基础学科中如凝聚态物理（固体和液体）、化学（特别是高分子化学）、生物工程、生命科学、材料科学（特别是纳米材料科学）等多学科领域的研究中被广泛采用。中子生产的人工放射性同位素、中子活化分析、中子掺杂生产半导体器件、中子辐照加工等等，已被广泛应用于医疗和工业，并产生了巨大的经济效益。

展望21世纪中子科学装置的主流发展趋势，一是高通量研究性反应堆，二是散裂中子源。高通量反应堆的源强要达到1×10^{15}/平方厘米·秒，散裂中子源束功率要达到兆瓦量级。这两类中子源的特点和优势互相补充，成为材料、生物、生命、核物理等学科研究不可缺少的工具，为相关尖端技术如纳米、信息、环境、医药等的发展提供创新的平台。

高通量的中子源包括反应堆和散裂源。核反应堆是一种稳定连续的中子源，在中子科学研究中发挥了巨大的作用。通常使用铀-235作为核燃料，每次核裂变产生一个有效中子，而释放180兆电子伏特的热量。堆芯中如此大量的热量必须及时有效地带出，才能保证反应堆正常运行。正是因为堆芯散热条件的限制，反应堆中子通量在20世纪六七十年代就达到了饱和。

随着科技的进步，相应的研究体系如薄膜、纳米团簇、生物大分子和蛋白质等，尺度分布更大，获得数量在克量级的样品更为困难。因此，小样品的快速、高分辨的中子散射测量迫切需要新一代通量更高、波段更宽的中子源，散裂中子源应运而生。

散裂中子源不仅面向世界科学前沿，有力提升中国基础研究和高技术水准，同时促进中国在能源、国防、工业等领域先进技术发展。通过散裂中子源项目发展起来的强流质子加速器，可用于航天器件辐照效应的地面模拟试验研究。利用中子散射对工程材料和部件缺陷及应力的深度检测，可为工程部件确定可靠的使用期限，现已经成为一种先进的无损检验方法。散裂中子源的质子和中子可用于肿瘤的放射性治疗研究，已在许多发达国家得到应用。

站在世界最前沿

中国散裂中子源是我国“十一五”期间重点建设的大科学装置，已列入国家中长期科学和技术发展规划。经国务院批准，我国将建造一个质子束功率达100千瓦、有效脉冲中子通量居世界前列的散裂中子源装置。它是位于国际前沿的高科技、多学科应用的大型研究平台。中国散裂中子源工程由中国科学院和广东省共同建设，选址于广东省东莞市，项目预计总投资为22亿元人民币，建设期为7年。项目预计2017年建成，建成后将对中国科学家的创新性研究产生“不可估量”的影响。

近年来，随着强流加速器技术的发展，百千瓦到兆瓦级束流功率的散裂中子源成为国际公认的、新一代高通量、宽波段、高效安全的中子源。20世纪后期，欧洲、美国、日本等发达国家纷纷开始计划、设计并建设新一代、功能强大的散裂中子源，其有效中子通量将比基于反应堆的中子源提高10~100倍。

我国散裂中子源建设包括：一台80兆电子伏特负氢直线加速器，一台1.6亿电子伏特快循环质子同步加速器，两条束流输运线，一个靶站，3台中子散射谱仪，辐射防护系统及相应的配套设施。随着科学研究的深入，未来中子散射谱仪将达18台。束流功率为100千瓦、脉冲重复频率25赫兹的散裂中子源脉冲中子通量设计指标，超过目前世界上正在运行的所有散裂中子源，将为国内外科学家提供世界一流的中子科学综合试验装置。

考虑我国国情和科学技术发展的实际需要，22亿元人民币的投入、0.1兆瓦的设计功率，都只有美国散裂中子源的十分之一。但在满足科研需求的关键指标——有效中子通量上，中国散裂中子源在构型和重复频率上采用了独特先进的设计，能达到美国的五分之一，将位列世界第三，且这一排名至少可保持到2020年。而有效中子通量的保证，使中国散裂中子源届时能满足的研究需求是美国的80%。

其建成后，将与英国、美国、日本的散裂中子源相并列，成为世界四大主要脉冲散裂中子源科学中心之一。

国际科学界广泛参与

中国散裂中子源是一个国际科学界广泛参与的重大科学装置。自2002年起，世界上该领域最知名的专家就被邀请参与中国散裂中子源的设计和相关研究。

目前世界上的散裂中子源装置还远远不够，供不应求。中国散裂中子源建成后，可以做很多科学工作。在共同研究方面，国际合作不存在任何障碍。中国散裂中子源需要300名不同学科领域的科学家和工程师一起工作。全部建成后，每年将接待上千名研究人员在不同的谱仪上展开研究。

2009年“中国散裂中子源靶站概念设计国际评估会”圆满结束。由该领域的五位国际顶级学术权威组成的国际咨询评估委员会参加了会议，他们是：美国阿贡国家实验室John Carpenter博士，美国洛斯阿拉莫斯国家实验室Gary Russell博士，欧洲散裂中子源Guenter Bauer博士，日本原子能研究所Noboru Watanabe博士，英国卢瑟福实验室Timothy Broome博士。另有三位该领域的境外专家也参加了评估会，他们是：Chun K Loong，Jinkui Zhao，Chien-Hsiung Lee。参加会议的中方人员有中国科学院的高能物理研究所和物理研究所的中国散裂中子源项目组成员。

国际咨询评估委员会的专家分别介绍了美国、英国、瑞士、日本等现已运行的散裂中子源的概况，和该领域的最新成果。特别介绍了在建和拟建的美国的散裂中子源靶站、英国的散裂中子源的第二靶站、欧洲共同体散裂中子源的靶站以及日本散裂中子源靶站的设计，指出可供中国散裂中子源靶站设计的参考之处，表示将对该项目的实施起到配合、支持和推进作用。专家们起草了对中国散裂中子源靶站的评估报告并进行了讨论和修改，完成了综合的评估报告。会议就中子谱仪的分布组态和用户的关系、用户的培训和组成用户委员会等方面与国际咨询评估委员会进行了详细的交流，听取他们的意见和建议。

为多学科提供平台的大科学装置的建设，是我国落实科教兴国战略，发展我国科技事业的重要举措。目前，中国散裂中子源和英国、德国、美国、日本等国的合作框架协定已经达成。良好的国际合作环境将为中国散裂中子源计划培训人才、传授关键技术资料、审核设计方案、培养和发展用户起到有效的促进作用。中国散裂中子源将在此基础上不断总结经验教训，坚持不懈地走出创建优质科学大工程的新路来。

数字虚拟人计划

21世纪是信息技术、生物科学大发展的世纪，遗传医学课题研究日益深入，由发达国家牵头的“数字虚拟人体”研究项目因此获得了社会各界的广泛关注。

复杂细致的医学工程

所谓虚拟人并不是真人，而是通过数字技术模拟真实的人体器官而合成的三维模型。这种模型不仅具有人体外形以及肝脏、心脏、肾脏等各个器官的外貌，而且具备各器官的新陈代谢机能，能较为真实地模拟出人体的正常生理状态和出现的各种变化。

要做虚拟人，科学家所做的工作就是先要选取一具尸体，将尸体冷冻，用精密切削刀将尸体横向切削成0.2毫米的薄片，并利用数码相机和扫描仪对已切片的切面进行拍照、分析，之后将数据输入电脑，最后由电脑合成三维的立体人类生理结构数字模型。随后科学家将把数据、生物物理和其他模型以及高级计算法整合成一个研究环境，然后在这种环境中观察人体对外界刺激的反应。这位“虚拟人”并没有感觉和思想，但他们的生物数据和人相同，可以开展无法在自然人身上进行的一系列诊断和治疗研究。

虚拟人的研发在医学中有重要意义。有了虚拟人，医生和制药公司就可以在虚拟人身上试验新药。医生可以先将药物影响数据输入电脑，让“虚拟病人”先试“吃”一下，电脑里的“虚拟病人”会显示服药后的生理反应，从而协助医生对症下药。目前这项技术在美国已经开发出来：在动手术之前，外科医生可以先在虚拟人的身上开刀，电脑上会显示刀口断层及组织断面，为医生制订术前计划提供科学参考；在治疗肿瘤疾病的时候，医生可以先对虚拟人作放射治疗，通过其身体的变化来测定实际辐射量的使用，最后再用到真正的病人身上。这样就进一步提高了治疗的安全性。

美国在虚拟人研究方面是一个领先国家。1989年，美国国立医学图书馆提出了“可视人体计划”。1996年，美国橡树岭国家实验室又牵头酝酿虚拟人创新计划，他们设想，将人类基因组计划和可视人计划的研究结果结合起来，完成人体的物理建模，能够模拟人体器官组织和整体在外界物理刺激下的反应。美国可视人体计划的实施在全世界引起了巨大反响。此后，韩国、日本、德国和澳大利亚也纷纷启动了可视人体计划。

中国数字虚拟人计划

虚拟人体的研究是关系到新世纪我国医学能否走到世界前列的大问题，涉及一系列基础科学问题和关键技术，是一个极富挑战性的课题。而且虚拟人产品技术售价惊人，美国利用“可视人计划”数据集开发的1.8万多个解剖结构图谱在起步阶段就售价3.7万美元，基于图像处理的临床应用软件动辄数十万美元。如果中国没有自主版权的人体数据，仅图谱一项就会造成巨额外汇的流失。况且这些数据采自白人，不一定适合中国人的各项生理指标。基于以上种种，中国研发自己的虚拟人是势在必行。

2001年11月，在北京香山以“中国数字化虚拟人体的科技问题”为主题的第174次香山科学会议上，中国宣布了中国数字化可视人体研究的开始。由中国科学院计算所、第一军医大学、首都医科大学、华中科技大学等协作攻关，其中，第一军医大学承担人体切片建模技术。

中国“数字化虚拟人”分为三个阶段实施：第一为虚拟几何人阶段。这一阶段的工作主要是高质量人体几何图像采集和计算机三维重构，完成基本形态学基础上的几何数字化虚拟人。有了几何数字化虚拟人，就可进一步开发医学解剖教学软件、手术模拟软件。目前，我国已分别成功构建了男女解剖虚拟人数据集。

第二为物理虚拟人阶段。在虚拟人的基础上附加人体各种组织的物理学信息，如强度、抗拉伸及抗弯曲系数等，使几何数字化虚拟人体现物理学性质，构成物理虚拟人。在这一平台上可开发诸如医用钢板、各种骨折内固定器械、介入器械、人工器官（如人工关节、人工喉、人工内耳等）。由于物理学信息与几何信息的复合体具有庞大的数据量，整个人体的物理虚拟人在技术上和数据采集上有较高的难度，超出了目前科技发展的水平。因此，不同学科根据需要集中对人体局部或器官进行物理虚拟，如：虚拟膝、髋关节，虚拟喉等，用以开发出人工关节、人工喉、人工心脏等实用软件。

第三为生理虚拟人阶段。将生命科学研究的成果数字化，赋加到几何人体。这种虚拟人可以反映生长发育、新陈代谢、重现生理病理的有关规律性演变。生理虚拟人是数字虚拟人研究的最终目标，近期不可能完全实现，只能逐渐完善。但有望在不久的将来实现局部器官的生理虚拟，如将心脏的生理功能信息附加在几何和物理虚拟心脏上。在这一虚拟心脏平台上，既可模拟各种心脏手术，又可模拟各种药物对心脏的作用，从中筛选最佳手术方式和最佳用药剂量、给药方式，进行药效对比等一系列试验。当前我国在这个领域的研究工作已经解决了虚拟人的若干关键性技术问题，在人体建模基础数据积累上，提供了部分数据资料，但是这些数据的典型性、代表性、合理性和适用性，都有待于在实际应用时进行校正和检验。作为有着13亿人口、50多个民族的大国，应当为不同人群、不同种族、不同年龄、不同性别的群体，建立较有代表性的人体模型。这需要一定的周期，需要大量生命科学与信息科学专家联合攻关，才有可能逐步完善，打造出具有生命活力的虚拟人。

中国女虚拟人的诞生

我国首个女虚拟人原型是一位身高1.56米的19岁少女。2001年这名广西少女因误食毒蘑菇而急性死亡。由于是急性死亡，骨骼身体结构保持完好，加上年纪很轻，生殖器官功能完全，是一个条件很不错的标本。

2002年年底，研究小组决定对该标本进行切割。研究人员采用了两种刀具："粗刀盘"去除尸体的包埋材料，"精刀盘"进行尸体横断面的切削。动刀时，直立的尸体从冰库顶部推出，冰库上方的刀具每旋一圈，就切出一个人体切片。每切一片，就对余下的尸体横断面拍照收集该横断面的资料。

在切割人体标本的时候，美国、韩国都采用躺卧式，造成了标本的头部、背部、臀部和腿部等被压成扁平失真状态。而我国科学家克服直立式切割带来的不便，采用直立式切割，从而保证了人体建模接近正常人体形态。

2003年2月18日17时18分，首例女性虚拟人数据集在第一军医大学构建成功。标本原型在零下70摄氏度冷冻后横向切成8556片，每片厚度为0.2毫米。接着专家研究小组根据第一军医大学拍摄下的人体切片数字图片，将这些断层数据通过专门的三维软件进行信息化处理，在电脑中组建出三维人体图像。在专家们的昼夜奋战下，女虚拟人逐渐恢复了皮肤、外观、骨骼、盆腔、卵巢的建构，然后到肌肉、五脏六腑等主要器官。

中国的虚拟人计划在短短一年多的时间里完成了国外三四年走的历程。且"中国数字人"与美国、韩国相比，有20多项创新，最明显的是首次将血管铸型技术应用于"数字人数据集"的建模。美、韩数字人只能看到骨骼和肌肉，而我国数字人能清晰地看到血管。

不过这些还远远不够，中国虚拟人计划还不能画上句号。虚拟人分为"虚拟可视人""虚拟物理人"和"虚拟生物人"三个阶段。目前，我国仅仅是踏出了"虚拟可视人"的第一步，以后还有更长的路要走。但是相信数字虚拟人计划一定会大大推动中国的医学技术发展，为13亿人民提供更好的医疗服务。

中国下一代互联网

互联网发展到今天，已成为现代世界不可分割的一部分。目前全世界网民数量超过13亿人，联网电脑超过10亿台，网络世界正在迅速拓展着它的疆域。中国是世界上互联网发展最快的国家，根据中国互联网络信息中心的统计数据显示，到2012年底，中国网民规模已经达到5.64亿人，比2011年增加了5090万人，超过美国，稳居世界第一。随着3G时代的到来，无线互联网呈现出爆发式的增长趋势。互联网的广泛应用对于网络速度提出了更高的要求，在宽带网络应用日渐深入的同时，中国的科学家们早已对下一代互联网开展了研究，其目标是速度更快、应用范围更广、信息更加安全，人类将真正步入数字化生活。

什么是下一代互联网

目前全世界广泛使用的是第一代国际互联网，其基础是1983年由两位美国电脑专家罗伯特·卡恩和文顿·瑟夫开发的TCP/IP协议。如今电脑上网都要作TCP/IP协议设置，显然该协议成了当今地球村“人与人”之间的“牵手协议”。

TCP/IP协议由两个部分组成，即TCP协议和IP协议。它们如同邮递员一般，保证我们的信息在互联网中迅速、准确、安全地相互传递。IP协议的英文名直译就是：因特网协议。从这个名称我们就可以知道IP协议的重要性。在现实生活中，我们进行货物运输时都是把货物包装成一个个的纸箱或者是集装箱之后才进行运输，在网络世界中各种信息也是通过类似的方式进行传输的。IP协议规定了数据传输时的基本单元和格式，以及数据包的递交办法和路由选择。如果以货物运输做比喻，可以说IP协议规定了货物打包时的包装箱尺寸和包装的程序，以及货物的运输方法和运输路线。此外IP协议还给互联网上的每一台电脑都规定了一个IP地址，这就如同每家每户的门牌号，以方便邮件投递。

在IP协议中定义的传输是单向的，也就是说发出去的货物对方有没有收到我们是不知道的，就好像8毛钱一份的平信一样。那对于重要的信件我们要寄挂号信怎么办呢？TCP协议就是帮我们寄“挂号信”的。简单地说，在TCP模式中，对方发一个数据包给你，你要发一个确认数据包给对方。通过这种确认来提供可靠性。TCP协议负责发现数据传输中的问题，一有问题就发出信号，要求重新传输，直到所有数据安全正确地传输到目的地。

TCP/IP协议在被采用之后，进行了多次修改，我们目前采用的IP地址协议是IPv4，即第4版。IPv4设定的网络地址编码是32位，总共提供的IP地址为2的32次方，大约43亿个。早期全世界只有几百台电脑接入互联网，到1989年突破10万台，而现在全世界接入互联网的电脑已经超过10亿台，IPv4所提供的网址资源已近枯竭。早在20世纪90年代初就有人担心10年内IP地址空间就会不够用，并由此导致了IPv6，也就是下一代互联网的开发。1996年10月，美国政府宣布启动“下一代互联网”研究计划，其核心是IPv6互联网协议和路由器，有200多所大学和70多家企业参与该计划。

IPv6协议的地址是128位编码，能产生2的128次方个IP地址，总数约为340，2823，6692，0938，4634，6337，4607，4317亿6821万1456个IP地址，地址资源极端丰富，是全世界现有网络IP地址的79万亿亿倍。有人比喻，IPv6能让世界上的每一粒沙子都会有一个IP地址。此外，下一代互联网的主要特征还包括：

更大：采用IP_V6协议，IP地址资源无限庞大，任何一台电器都可接入互联网。

更快：主干网络传输速度比现在快1000倍，家庭网络速度提高100倍以上。

更安全：可对所有数据进行监测，具有数据加密和完整性，可以有效防止黑客和病毒攻击。

更及时：提供组播服务，进行服务质量控制，可开发大规模实时交互应用。

更方便：无处不在的移动和无线通信应用，属于典型的“即插即用”。

更可管理：有序的管理、有效的运营、及时的维护。

更有效：有盈利模式，可创造重大社会效益和经济效益。

实现真正的人工智能

下一代互联网将把人类带进真正的数字化时代。与现有互联网主要为电脑服务不同的是，下一代互联网由于IP地址数量足够多，应用领域更广泛，其触角可以延伸到人类社会的各个角落。普通家庭中的每一个物件都将可能分配一个IP地址，也就是说一切都可以通过网络来调控。

在未来的某一天，当你正在家看电视，突然有电话打入，互联网将主动把电视调成静音，接完电话后，声音又将自动调回原值。每天早上一起床，当你拿起遥控器轻轻一点就能知道室外天气，衣柜中适合穿着的衣服也一同呈现。开车时能监视家中的一举一动。在上班途中，你隐约觉得家里有什么电器忘了关电源，只要通过手机发出指令，家庭控制中心就会扫描厨房、卧室、客厅，并反馈检查结果。下班前，你可以通过互联网向家庭控制中心发出指令：启动空调、洗衣机、电热水器。此外，智能化网络冰箱还会发来食品短缺清单，提醒你是否需要购物。当你打开冰箱，但冰箱出现警示话语，提醒你冰箱内食物已经超重。

在某个医院里，多位医学专家正在通过演示屏，凝神注视着一场远在国外的微创肿瘤切除手术。笔管粗细的手术刀在肝脏旁游移，蛛网般密布的血管清晰可见。这样的远程手术如果在IPv4互联网上直播，需要搭设成本高昂的专线。而全面支持IPv6协议的下一代互联网，传输速度比现有网速至少快100倍，每秒钟可以传送相当于2张DVD光盘的信息量，要完成这样的手术远程高清晰直播简直易如反掌。

在下一代互联网中，可以直接上网的设备难以计数，不再局限于电脑和手机，还可能是一只多功能手表，它会将血压、脉搏等信息记录下来，然后通过无线网络传到保健机构。在国外有一种急救手机，挂在老年人和病人脖子上，一旦发生意外情况，它会做出判断并迅速通过网络报警。如果没有充足的IP地址资源，这一切很难实现。

在安全性能上，下一代互联网也更胜一筹。由于现在的网络在信息传递时，对于是否加密是可以选择的，因此很可能出现信息被窃取的现象。但下一代网络在应用时，采取的是强制加密传送，因此能有效加强网络安全。

下一代互联网的广泛性和大众化特点，必定改变人类现有的生活方式、行为方式和思维方式，网络信息量也会以人们想象不到的速度增长。网络人群将遍布城市乡村，不再局限于知识群体。

积极参加下一代互联网开发

截至2007年12月31日，中国内地所分得的IPv4地址为1.35亿个，仅占全球已分配地址的4.45%，还不足美国的十分之一。中国的公众网因IP地址匮乏，被迫大量使用动态IP地址，严重影响了互联网的效益及安全。IPv6技术的发展将会破解这个问题。下一代互联网正成为新的战略制高点，被各国政府、科技界和产业界作为战略性的科技发展问题而给予极大投入。美国、加拿大、欧盟、日本等发达国家相继启动了下一代互联网研究计划。

美国从1996年开始进行下一代高速互联网络及其关键技术研究。在我国，由国家自然科学基金委员会资助创建的中国高速互联研究试验网络，始建于1998年。1998年，中国教育和科研计算机网采用隧道技术组建了我国第一个连接国内八大城市的IPv6试验床，获得中国第一批IPv6地址。1999年，与国际上下一代互联网实现连接。2001年，以中国教育和科研计算机网为主承担建设了中国第一个下一代互联网北京地区试验网NSFCNET。2001年3

月，首次实现了与国际下一代互联网络的互联。

2002年1月，国家启动了“下一代互联网项目”。5月，清华大学等单位承担国家“863”重点课题“新一代互联网技术综合实验环境”。8月，国家发改委正式成立“下一代互联网发展战略研究专家委员会”，正式启动重大问题软科学研究项目“下一代互联网发展战略研究”。全体专家共同努力于2002年10月完成了《下一代互联网发展战略研究报告》。

2002年全国两会期间，中国空间自动控制学家杨嘉墀等57位院士上书国务院，呼吁“建设我国第二代互联网的学术性高速主干网”。2003年8月，国务院正式批复由国家发改委、中国工程院、信息产业部、教育部等8部门联合启动“中国下一代互联网示范工程”。12月，科技部批准2003年国家重大基础性研究“973”计划项目“新一代互联网体系结构理论研究”。

2004年1月，世界八大下一代互联网在欧洲宣布同时开通并提供服务，中国教育和科研计算机网代表中国宣布开通服务。

2008年12月3日，国家发改委和中国工程院等6部门在北京共同宣布，历经5年发展，我国自主研发的下一代互联网研究取得重大突破，中国已建成全球最大的下一代互联网示范网络，推动并形成了中国的下一代互联网产业群。目前，中国以IPv6路由器为代表的关键技术及设备产业化初成规模，其中最大的核心网——科研计算机网在“建设纯IPv6大型互联网核心网”“基于真实IPv6源地址的网络寻址体系结构”和“IPv4-over-IPv6网状体系结构过渡技术”等方面均属国际首创，目前已向国际互联网标准化组织互联网工程任务组提交标准草案9项，其中RFC4925和RFC5210已获批准，从而使中国首次进入国际互联网核心标准制定，在国际互联网主流技术上有了发言权，这些均为中国参与全球下一代互联网产业竞争奠定了坚实基础。

中国下一代互联网示范工程现已建成中国教育与科研计算机网、中国电信、中国网通/中科院、中国移动、中国联通、中国铁通等六大核心网，北京和上海两个国际交换中心网络。全网建成22个城市59个节点，覆盖30多个城市、200多万用户。传输速度达到了每秒2.5G到10G，是目前普通家庭用户上网速度的100多倍以上。

科研计算机网还开创性地提出“基于真实源地址的网络寻址体系结构”，为消除目前广泛使用的IPv4互联网存在黑客攻击、垃圾邮件等大量安全隐患提供了保证。同时，科研人员在国际上首次提出了一种新的过渡技术方案，解决了现有互联网向下一代互联网过渡的兼容性、可管理、可扩展、可靠性和自动配置等技术难题。

尤其值得一提的是，科研计算机网首次在全国主干网大规模使用国产IPv6路由器，这对摆脱互联网领域依赖国外核心设备的被动局面、推进我国下一代互联网核心设备自主创新和产业化，具有重要战略意义。

所谓“路由”，是指把数据从一个地方传送到另一个地方的行为和动作，而路由器正是执行这种行为动作的机器，是一种连接多个网络或网段的网络设备。它能将不同网络或网段之间的数据信息进行“翻译”，以使它们能够相互“读懂”对方的数据，从而构成一个更大的网络。此前，这方面技术主要由美国掌握。但经过多年发展，我国目前已经掌握了包含IPv6核心路由器的技术，可以独立建设自己的互联网，而不再依赖外国。目前，具有这样能力的国家，在全世界只有美国和中国。2004年上半年，华为全线路由器产品已全部支持IPv6；中兴在做系统设备的同时，还加强了IPv6芯片的研发；大唐电信为我国军队提供了多款高保密级别的IPv6路由器；佳讯飞鸿主打汇聚层IPv6路由器市场。在今后5年内我国电信运营商仅仅在IPv6路由器上的投资，将可能达到150亿元。

中关村科技园区

世界第一剂非典疫苗，世界首个3C融合标准，中国第一台电脑，中国第一个汉字激光照排系统，中国第一台汉字打字机，曙光超级计算机，人用禽流感疫苗……这些多个中国第一都有着一个共同点，就是它们都诞生在中关村。中关村作为中国第一个国家级高新技术产业开发区，经过20多年的发展建设，已经聚集了以联想、百度为代表的高新技术企业近2万家，形成了以电子信息、生物医药、能源环保、新材料、先进制造、航空航天为代表，以研发和服务为主要形态的高新技术产业集群，因而被誉为“中国的硅谷”。

昔日的中关村电子一条街

中关村位于北京城的西北部海淀区一带，在西北三环路与西北四环路中间。中关村的名称一说源于“中关屯”。清朝雍正时期，在蓝旗营设“五关”。东关在五道庙，南关在石板路，西关在苏州街，北关在成府，在四关之间设中关，中关实际是指挥所和屯兵区域，这五关控制了交通要道。而后在中关周围形成聚落，渐成村落，当时称为“中关屯”，即后来的中关村。另一说源于“中官村”。此地曾为太监墓地，因当时人称太监为“中官”，故有此名。

新中国成立前中关村是一个只有几户人家的小村。直至1959年中关村派出所成立，1961年中关村街道办事处成立，“中关村”才正式进入行政建制。中关村别看是个不起眼的小村，但它背靠清华，右挎北大，前拥科学院，西南临千年古镇海淀，有着深远的历史内涵和文化底蕴。

1980年10月23日，中科院物理所研究员陈春先、工程师纪世瀛、崔文栋等 7 名科技人员正是看中了中关村这一优越的地理位置，在中关村创办中国第一家民办科技机构——“北京等离子体学会先进技术发展服务部”。于是在接下来的几年里，中关村陆续聚集了一些科技企业，逐渐形成了“中关村电子一条街”。

最早出现的“中关村电子一条街”完全是个人和企业行为，科技企业不要国家投资，不要国家编制，自筹资金、自由组合、自主经营、自负盈亏，它的出现立即在全国科技界、经济界引起了强烈的震动，并开始受到了国家的关注。

中国硅谷

1988年5月国务院决定以“中关村电子一条街”为基础建立中国第一个国家级高新技术产业开发区。经过二十几年的发展，中关村科技园区现已超出了中关村的范围，形成一区多园的发展格局，包括海淀园、丰台园、昌平园、电子城科技园、亦庄科技园、德胜园等。其中海淀园的主要功能是高新技术成果的研发、辐射、孵化和商贸中心，其他园主要功能是高新技术产业的发展基地。这些科技园共同构成了沿京城四环路布局的颇具特色和充满活力的高科技产业带。聚集联想、方正、曙光、百度、搜狐为代表的高新技术企业已经超过2万家，其中年收入过亿元的企业超过800家，上市公司总数达到112家，累计融资额超过1000亿元。每年新创办企业超过2000家，新增工作职位4万个。

园区内还有清华大学、北京大学等高等院校41所，在校大学生约40万人。还有以中国科学院、中国工程院为代表的研究院所213家，其中国家工程中心29个，国家级重点实验室65个，国家级企业技术中心31家，大学科技园14家。全国40%的院士在这里工作生活。这里除了大学教授、研究院所的研究员外，还有众多国家知名大学培养出来数以万计的博士、硕士、本科生。

中关村在硬件建设环境方面，在中心区加速建设了中关村科技商务中心区、中科院科学城、北大科技园和清华科技园。在发展区重点规划建设了中关村软件园、中关村生命科学园、北大生物城、上地信息产业基地、永丰高新技术产业基地等多个专业化产业基地。为高新技术企业快速发展提供产业化空间。

目前，中关村已形成以软件、集成电路、网络通信、计算机、清洁能源、生物医药产业为主导的高新技术产业发展格局，初步建立了依靠科技创新推动全面发展的模式。软件、集成电路设计产业收入均占全国的1/4。一大批中关村企业参与了“神舟”飞船和“嫦娥”探月工程、三峡工程、青藏铁路建设、核电站建设的技术研发。六大类100多项自主创新产品应用于2008年北京奥运会。

此外，汉字激光照排、联想汉卡、中文搜索引擎技术奠定了我国信息化应用的基础；龙芯、星光、众志等自主知识产权芯片和集成电路制造重大装备改写了我国半导体产业的发展历史；曙光超级计算机使我国成为世界上第三个能制造10万亿次以上高性能计算机的国家；TD-SCDMA（中国提出的第三代移动通信标准）使我国第一次拥有了在全球通信领域的话语权；“闪联”标准成为全球首个3C融合标准；非典疫苗在国内率先研制成功，人用禽流感疫苗的研制与发达国家同步；蓄热式燃烧、脱硫脱硝、高压变频等节能减排技术每年为国家节约数百万吨标煤；生物膜污水处理、餐厨垃圾资源化处理实现了资源循环利用；高温超导线材使我国成为第三个掌握此项技术的国家。

在过去的20多年里，中关村的经济规模持续高速增长，年均增速超过40%。1988年中关村产值仅为14亿元，至2008年产值已经超过了10000亿元（折合1450亿美元，相当于台湾新竹、内湖科技园区产值之和），占全国54个国家高新区的1/7，其中高新技术产业增加值达1600亿元，相当于北京市GDP的18%。无论是产业规模，还是发展速度，中关村科技园区已经跻身世界科技园区的前列，成为仅次于美国硅谷的世界第二大高科技园区。

从中国制造到中国创造

2009年3月，国务院批复同意支持中关村科技园区建设国家自主创新示范区。国务院批复提出，推动中关村科技园区的科技发展和创新在本世纪前20年再上一个新台阶，使中关村成为具有全球影响力的科技创新中心。

为了吸引高端领军人才，向更高的层级迈进，实现到2020年成为全球高端人才聚集区的宏伟目标，中关村启动了吸引高端领军人才战略工程。未来的几年时间里，中关村将在信息科学、生命科学、环境科学、材料科学等领域聚集3至5个战略科学家领衔的研发团队，分别建成具有国际一流水平的研究所或者研究中心；在核心电子器件、高端通用芯片及基础软件、新一代宽带移动通信、下一代互联网、数字音视频、高性能计算机、节能减排和环保新能源、新材料、生物工程与重大新医药等领域聚集50个左右由高端领军科技创新创业人才领衔的高科技创业团队；在创业投资、金融、法律、财务、知识产权、技术转移等领域聚集20个左右由高端领军创业投资家和科技中介人才领衔的创业服务团队。

现在中关村科技园已成为我国技术创新的源头和高新技术产业的重要支撑，专利申请量达到1.9万件，专利授权量超过1万件，增长约30%。新创制标准211项，其中国际标准2项，国家标准189项。获得国家科技进步奖超过50项；承接的国家科技重大专项项目达968个；承担了国家科技重大专项中的大部分核心任务。中关村承担国家“863”项目占全国的四分之一，承担国家“973”项目占全国的三分之一。

另外，中关村中小微型企业占示园区单位总数的97.6%，创新十分活跃，技术收入占示范区的42%，专利数占示范区50%以上，对示范区总收入增长的贡献率超过40%。为加快推动中小微企业发展，中关村以搭建创业孵化服务平台为抓手，不断营造有利于小微企业孵化和成长的创业环境，建立了由大学科技园、科技企业孵化器、留学人员创业园、小微企业创业服务楼和各类协会商会组织等100余家机构组成的创业孵化服务体系，孵化总面积超过136万平方米，在孵企业4000余家。近年来，中关村每年新创办企业3000余家，每年超过1000家小微企业入驻创业孵化机构。支持创业孵化机构采用“孵化＋投资”的新型孵化模式，孵化和培育早期项目和“专特精新”小微企业。为企业聘请创业导师200余位，辅导小微企业2000余家，创业孵化机构自有资金投资小微企业100余家，投资金额超过2亿元。发挥创新资金对中小企业发展的促进作用，共立项支持1244个项目，支持资金4.55亿元，挖掘和培育一批创新性好、成长性高、具有引领示范作用的明星企业，其中43家已在境内外上市。

“中国创造”是一个系统工程，需要企业、政策、制度、管理、科研、人才、金融等多个方面市场要素的配合。在中关村，大学是人才的来源，科学院是科技成果的来源，企业是转化的主体，如此等等。经过20多年的发展，中关村已成为中国经济社会发展的一个试验田，可以为中国未来发展提供原创的科学技术，还有人才、企业，更重要的是经济社会的发展模式。这是一片属于未来的土地。

国家免除1.6亿名学生学杂费

继2007年全面推行农村义务教育免除学杂费政策后，2008年秋季，全国城市义务教育阶段学杂费也全部免除了。这标志着我国城乡统一的义务教育普惠制正式形成。

国家出钱，形成义务教育普惠制

2006年国务院宣布从当年起全部免除西部地区农村义务教育阶段学生学杂费。2007年又扩大到中部和东部地区。这一惠及百姓的举措实施后，全国农村中小学每年可取消学杂费达150亿元。2007年，中央财政又安排“两免一补”资金181亿元，免除了全国近1.5亿名义务教育阶段学生学杂费。

“两免一补”政策大幅度减轻了农民负担。据初步测算，中西部地区仅免杂费一项，平均每个小学生年减负140～180元、初中生年减负180～230元；享受免费教科书的家庭经济困难学生，小学生平均年减负210～250元、初中生年减负320～370元；既享受免费教科书又享受生活费补助的寄宿生，小学生平均年减负510～550元、初中生年减负620～670元。这些措施包括进城务工就业农民子女和城市低保家庭子女。

随着农村税费改革的深入推进和公共财政体制的不断完善，财政预算内投入持续增长，成为农村义务教育经费来源的主渠道。2004年，全国财政预算内农村义务教育拨款达到1326亿元，比农村税费改革前的1999年增加793亿元，年均递增20%。“两免一补”政策已惠及中西部地区农村义务教育阶段贫困家庭学生3400万名。

免除义务教育阶段学杂费的规模不断扩大。2008年7月30日，国务院召开常务会议，决定从当年秋季学期开始，在全国范围内全部免除城市义务教育阶段学生学杂费。对享受城市居民最低生活保障政策家庭的义务教育阶段学生，继续免费提供教科书，对家庭经济困难的寄宿学生则补助生活费。至此，全国义务教育阶段1.6亿名城乡学生全部免除学杂费。我国真正实现了城乡学生免费义务教育。

我国在全面实施农村义务教育经费保障机制改革的基础上，免除城市义务教育阶段学生学杂费，进一步强化政府对义务教育的保障责任，对推动义务教育均衡发展，促进教育公平，具有重要意义。

十二年义务教育

学杂费的完全免除，标志着九年义务教育的成熟，因此十二年义务教育的呼声也随之而来。

在2008年全国政协十一届一次会议上，在湖南全国政协委员、湖南财经高等专科学校校长、湖南大学会计学院博士生导师伍中信提交了《关于加强对高中贫困生扶助，逐步实施十二年制义务教育》的提案，呼吁建立高中贫困学生援助保障机制。同时在总结深圳、珠海、浙江（这三个省市在之前已率先有部分或全地区实行十二年义务教育）等地十二年义务教育经验的基础上，呼吁尽快在全国范围内推行十二年制义务教育制度。

对于这项提案，社会各方意见不一，有学者认为时机尚不成熟，有学者认为中国的基本条件已经具备。因此，关于在全国普及十二年义务教育的提案还在进一步论证之中。

但是从浙江、深圳、珠海等地方的实践中，特别是珠海市全市实行十二年义务教育上可以看到十二年义务教育的苗头，虽然就目前的国情来看，全国范围内实行是比较困难，但从长远看，延长免费教育年限是未来发展趋势，是早晚都要实现的。

免除师范生学费

教育需要投入，但是更需要师资。2007年5月，国务院决定恢复师范生免费的制度，并从教育部中央直属的6所师范大学开始实行。采取这一重大举措，就是要进一步形成尊师重教的浓厚氛围，让教育成为全社会最受尊重的事业；就是要培养大批优秀的教师；就是要提倡教育家办学，鼓励更多的优秀青年终身做教育工作者。这是中央为促进教育发展与教育公平采取的一项重大政策措施，其目的是通过试点，积累经验，建立制度，为培养造就大批优秀中小学教师和教育家奠定基础。

师范生免费政策受到温家宝总理的亲自倡导和推动。根据规定，免费师范生在校学习期间免除学费，免缴住宿费，并补助生活费，所需经费由中央财政安排。免费师范生入学前与学校和生源所在地省级教育行政部门签订协议，毕业后须从事中小学教育10年以上。免费师范毕业生一般回生源所在省份中小学任教，在协议规定服务期内，可在学校间流动或从事教育管理工作。省级教育行政部门负责组织用人学校与毕业生进行双向选择，为每一位毕业生安排落实任教学校，确保有编有岗。符合条件的免费师范毕业生可免试在职攻读教育硕士专业学位和与教学相关的学术性硕士学位。免费师范毕业生未按协议从事中小教育工作的，要按规定退还已享受的免费教育费用，并缴纳该费用50%的违约金，同时记入诚信档案。

在教育部直属师范大学师范生免费教育示范引领作用的带动下，北京、新疆、西藏等地师范专业学生全部实行免费教育。上海、江苏、湖北、四川、云南等地在部分师范院校开展师范生免费教育试点。江西、湖南等地开展免费定向培养农村教师工作，广东、甘肃等地实行高校毕业生到农村从教上岗退费政策。海南、广西与天津职业技术师范大学合作免费培养中等职业学校教师。

985工程

1998年5月4日，原国家主席江泽民在庆祝北京大学建校100周年大会上向全世界宣告："为了实现现代化，中国要有若干所具有世界先进水平的一流大学。"之后不久，"985工程"便诞生了。"985工程"即中国教育部在实施"面向21世纪教育振兴行动计划"中，重点支持国内部分高校创建世界一流大学和高水平大学，简称"985工程"。

建设世界一流大学

"985工程"高校是在"211工程"的基础上，根据我国国防、民用，东、中、西部协调发展的原则而筛选出来列入的。首批进入"985工程"的高校有34所，第二批高校有5所，一共有39所。

在资金上，"985工程"建设资金由多方共同筹集，积极鼓励有条件的部门、地方和企业筹集资金共建有关"985工程"学校。政府连续3年每年拿出中央财政收入的1%，作为中国建设"世界一流大学"的资金。其中中央专项资金重点用于"985工程"科技创新平台和"985工程"哲学社会科学创新基地和队伍建设，其他资金可根据学校"985工程"建设规划进行安排。"985工程"专项资金的分配、使用和管理，按照财政部、教育部的相关规定执行。以国家一般财政收入测算，"985工程"总投入将在300亿以上。

"985工程"主要内容包括机制创新、队伍建设、平台和基地建设、条件支撑和国际交流与合作五个方面。"985工程"建设的总体思路是：以建设若干所世界一流大学和一批国际知名的高水平研究型大学为目标，建立高等学校新的管理体制和运行机制，牢牢抓住20世纪头20年的重要战略机遇期，集中资源，突出重点，体现特色，发挥优势，坚持跨越式发展，走有中国特色的建设世界一流大学之路。

截至2011年12月，工程的规模已经稳定，共有39所高校进入“985”工程。不再新设该工程的学校，开始进入了长期规划、动态管理、分段实施的阶段。

“985工程”建设任务

在机制创新上，“985工程”将按照世界一流大学建设的要求，改革现行的管理体制和运行机制，以适应世界一流大学建设的需要；加快人事制度改革，建立以竞争、流动为核心的人事管理机制、人才评价机制和科学合理的分配激励机制，形成有利于优秀人才脱颖而出，吸引和稳定拔尖人才，充分发挥聪明才智的氛围；突破以传统学科界限为基础的科研管理与学科组织模式，建立有利于创新、交叉、开放和共享的运行机制，以适应现代科学发展综合化趋势；建立以投资效益为核心的公开、公平、公正的绩效考核和评价机制。

在队伍建设上，提供优越的研究条件和配套保障条件，面向国内外招聘具有国际先进水平的学术带头人、优秀学术骨干和大学高级管理人才。重视有潜力的中青年骨干的培养和深造，通过提高水平、营造氛围、严格培养等多种途径吸引优秀青年人才，形成一支以博士生和博士后为生力军的创新力量，加快建设一支具有世界一流大学水平的教师队伍、管理队伍和技术支撑队伍。

同时以国际科技前沿和国家现代化建设重大需求为导向，以学科建设规划为指导，围绕国家重大基础研究、战略高技术研究和重大科技计划，整合、建设一批高水平的“985工程”科技创新平台。与国家实验室、国家重点实验室、国家工程研究中心、国家工程技术研究中心等国家创新平台建设计划有机衔接。形成一批重大科技成果和世界一流学科，在国家创新体系建设中发挥重要作用。

加快建设公共资源与仪器设备共享平台，建设配置合理、设施完备的教学科研用房。加强教学科研信息化、数字化环境建设，构建基于现代教育理论和教育技术的教学科研环境。使所建高校的图书馆、电子资源库和自动化程度在整体上接近或达到国际先进水平。继续改善所建高校的教学科研基础设施。

建设有利于国际学术交流与合作研究的环境，聘请世界著名学者来校讲学、合作研究，与世界一流水平的大学或学术机构开展实质性合作，建立高层次人才联合培养及研究基地，开展高水平的国际合作科研项目，召开高水平的国际学术会议，加大吸引外国留学生来华留学的力度，推动中国高等教育国际化进程。

为了加强“985工程”建设的管理，教育部、财政部成立“985工程”领导小组和工作小组，协商决定工程建设中的重大方针政策问题和总体规划。领导小组和工作小组下设办公室，具体负责“985工程”建设的日常工作。有关高等学校应成立相应的组织机构，统筹负责本校“985工程”规划和实施。“985工程”领导小组和工作小组根据“985工程”建设目标和任务，从学科水平与覆盖面、高水平科学研究、高层次人才培养等方面，提出进入“985工程”建设学校的基本条件，即学校在优势领域的数量和水平等方面居于全国前列。

有关高等学校按照统一部署，根据“985工程”的总体目标和任务，结合学校的发展战略规划、学科建设和师资队伍建设规划、校园建设规划，编制学校“985工程”建设可行性研究报告和“985工程”科技创新平台、“985工程”哲学社会科学创新基地建设项目论证报告；“985工程”领导小组和工作小组办公室按照统一规划和布局，组织有关战略和学科专家对学校申报的“985工程”科技创新平台和“985工程”哲学社会科学创新基地进行审核，通过公平竞争，确定建设项目。在此基础上，对学校“985工程”建设可行性研究报告进行专家论证；学校根据专家意见修改可行性研究报告，完善后报教育部、财政部审批；教育部、财政部批复立项后安排建设。

教育部、财政部将加强对“985工程”建设项目的检查、审计和绩效评估，并根据检查、审计、评估的结果，对有关高等学校的项目和资金进行调整。建设项目完成后，教育部、财政部组织专家会同相关部门组织验收。

985工程优势学科创新平台

自“985工程”开展以来，我国发表的科技论文，除了在数量上大幅上升外，论文的创新力和学术质量也在不断提高。目前，我国的科技人员已有4000多万，数量居世界第一。每年发表的科技论文无论在国内，还是在国外均越来越多。据统计，2007年我国在国际上发表的论文数已仅次于美国，为世界第二。但是我国发表的高质量科技论文较少，同大多数发展中国家一样，模仿跟踪多，创新突破少，尤其在基础研究领域，有原始创新的成果更少。所以我们只能算是个科技大国，还不是科技强国。

为建设创新型国家，加快推进社会主义现代化建设，充分发挥高等学校学科的综合优势，尤其是行业特色型大学在所属行业领域全国顶尖的学科优势，国务院又决定建设“985工程优势学科创新平台”项目，由教育部和财政部共同负责。

“985工程优势学科创新平台”项目高校从属于“211工程”建设但不属于“985工程”建设的学校中选择。“985工程优势学科创新平台”建设项目的主要任务是以国家和行业发展急需的重点领域和重大需求为导向，围绕国家科技发展战略和学科前沿，在行业特色型大学的全国顶尖的优势学科重点建设一批优势学科创新平台，从而大力提高建设学科的科技创新能力和解决经济社会发展的重大问题的能力，打造一批世界一流学科群。

“985工程优势学科创新平台”相当于一个Ⅰ类985工程科技创新平台，其建设方式采用“985工程”大学科技创新平台建设模式，与“985工程”同期执行，每期获得的中央财政资金额度与“985工程”高校接近，其中央财政专项资金额度以年度项目预算批复为准。

“985工程优势学科创新平台”是“985工程”大体系的一部分，已经列入《国家中长期教育改革和发展规划纲要》，作为国家重点工程长期实施。由于平台建设方式和“985工程”平台相同，所以称为“985工程优势学科创新建设平台”，简称“特色985工程”。“特色985工程”大学基本上是没有经历过合并重组的行业特色型大学，学科精度极高，拥有一至两个全国顶尖的学科，在行业内认可度极高，具有深厚的行业底蕴和学科积淀。

在高校共建方面，“985工程”高校主要以与所在省市共建为主，只有工信部属院校等少数“985工程”高校与所在省市、所在行业都签署了全面共建协议，而“特色985工程”高校以与所在行业共建为主，只有西安电子科技大学、北京科技大学、北京交通大学、河海大学、中国矿业大学等少数“特色985工程”学校与所在省市、所在行业都签署了全面共建协议。

“985工程优势学科创新平台”大学名单常规平台（32所高校34个平台）如下：

西安电子科技大学先进军事综合电子信息系统优势学科创新平台、先进雷达技术优势学科创新平台

南京航空航天大学航空飞行器设计制造与飞行安全优势学科创新平台

南京理工大学现代攻防与先进装备技术优势学科创新平台

哈尔滨工程大学现代舰船与深海工程优势学科创新平台

北京科技大学新材料与冶金工程优势学科创新平台

华东理工大学煤的清洁高效利用与石油化工关键技术优势学科创新平台

河海大学全球水循环与国家水安全优势学科创新平台

中国矿业大学煤炭资源安全开采与洁净利用优势学科创新平台

中国地质大学地球系统过程与矿产资源优势学科创新平台、长江三峡库区地质灾害研究优势学科创新平台

中国石油大学油气资源勘探开发与转化优势学科创新平台

北京化工大学绿色化工与材料优势学科创新平台

北京交通大学轨道交通安全优势学科创新平台

西南交通大学轨道交通运输工程优势学科创新平台

武汉理工大学绿色建材与新材料优势学科创新平台

华北电力大学电力科学与工程优势学科创新平台

合肥工业大学节能环保汽车及其制造装备技术优势学科创新平台

长安大学公路建设和交通运营保障科学与技术优势学科创新平台

江南大学食品精深加工与安全控制优势学科创新平台

中国传媒大学数字媒体优势学科创新平台

上海财经大学经济学优势学科创新平台

中央财经大学经济学与公共政策优势学科创新平台

中南财经政法大学经、法、管学科融通创新与我国社会建设优势学科创新平台

西南财经大学金融学科群与中国金融创新发展优势学科创新平台

东北林业大学森林资源可持续经营与高效利用优势学科创新平台

北京林业大学应对全球变化的森林生态系统恢复重建与可持续经营优势学科创新平台华中农业大学农业生物遗传改良和生长发育调控优势学科创新平台

中国药科大学新药发现理论与技术优势学科创新平台

西南大学“农林实践基地项目”优势学科创新平台

暨南大学华侨华人研究优势学科创新平台

北京邮电大学（正式名称未公布）

南京农业大学（正式名称未公布）

中国政法大学（正式名称未公布）

希望工程

“希望工程”是团中央、中国青少年发展基金会以救助贫困地区失学少年儿童为目的，于1989年发起的一项公益事业。援建希望小学与资助贫困学生是希望工程实施的两大主要公益项目。希望工程的实施，改变了一大批失学儿童的命运，改善了贫困地区的办学条件，唤起了全社会的重教意识，促进了基础教育的发展，弘扬了扶贫济困、助人为乐的优良传统，推动了社会主义精神文明建设。

诞生与发展历程

1988年，我国颁布了《基金会管理办法》，这是我国第一部关于基金会的立法。这一年，共青团十二大通过了体制改革的决议，会议后成立了共青团中央事业开发委员会。委员会的工作内容之一就是筹办中国青少年发展基金会。1989年中国青少年基金会成立后，资助贫困农村孩子上学的“希望工程”破土而出。

其实，“希望工程”的诞生是一个必然。20世纪80年代末，我国每年有100多万小学生因家庭贫困交不起四五十元的书杂费而失学。1986年，团中央派人在广西柳州地区进行了两个月的调查，经调查发现，金秀瑶族自治县共和村，全村2000多人，新中国成立后没有出过一名初中生，辍学率达90%以上。

希望工程一诞生就得到了意想不到的关注，汇款单如雪花从海内外飞来。上至国家领导人下至普通市民，从花甲之年的老人到幼儿园的孩子，都是希望工程的捐赠者。到1994年，中国青少年基金会和省级青少年基金会接受的捐款总额达到了3.85亿元，救助总规模达到101.5万名，建希望小学的总数量达到了749所。这些数字，是基金会原计划的十几倍。

从1988年到2008年初，希望工程募集资金逾35亿元人民币，其中资助贫困学生290多万名，援建希望小学13000多所，捐赠希望书库、希望图书室13000多套，培训乡村教师逾35000名。筹集公益善款额度之高，救助贫困学生、援建学校之多，这不但是中国公益史，也是世界公益史的奇迹。

2007年，我国政府开始在农村地区全面实施“两免一补”，并逐步向城市拓展，希望工程最初要让农村穷孩子读得起书的愿望完全实现，某种程度上说，希望工程的使命已经完成。2007年5月20日，中国青少年基金会对外宣布希望工程全面升级，将对学生的“救助”模式拓展为“救助—发展”模式。根据受助对象的需求，学生资助方面在动员社会力量，继续为家庭经济困难学生提供助学金，让莘莘学子圆上学梦的同时，更加关注贫困学生的自我发展能力的提高，通过物质、精神多方面的持续扶持，帮助受助学生学会自助与助人。

捐赠项目

希望工程在实施过程中，曾经发起了一些卓有成效的捐赠活动。

援建希望小学：希望小学即对贫困地区乡村小学予以资助，帮助其改造危旧校舍或新建学校，并统一命名为希望小学。捐建标准为新建一所不低于20万元人民币，并可由捐方命名；扩建或改建一所不低于10万元；社会捐款1.5万元，同时由受助地方政府匹配0.5万元，可援建一个希望网校单点站，其中0.2万元用于希望网校管理工作经费；社会捐款10万元，同时由受助地方政府匹配5万元，可援建一间希望网校多媒体教室，其中1.5万元用于希望网校管理工作经费；捐款多多益善，少少无拘，所有捐款统一进入“希望工程远程教育基金”。

爱心助学行动：爱心助学行动是以资助我国城乡特困大、中、小学生，解决就学困难为宗旨的一项扶贫助教的公益活动。捐赠办法有：1. 结对助学，资助特困学生标准：①资助每位特困小学生小学阶段学业1200元；②资助每位特困中学生初中阶段学业1800元；③资助每位特困高中生高中阶段学业1800元；④资助每位特困大学生大学阶段学业3200元。2. 其他一般性捐款都进“爱心助学基金”，统一用于助学。3. 捐赠用于资助特困学生生活和学习的各类物资。

三辰影库：即通过捐赠形式帮助中小学配建一个“音像电子馆”，以满足中小学生扩大知识面、开发非智力因素的需要，推动学校素质教育的提高。“三辰影库”每套包括VCD、电视机各1台，中外影视经典作品与中小学课程相配套的九年制义务教育全动画辅导教材等。捐赠标准：全套1万元，也可按1800元或3600元捐建三辰影库音像电子馆。

保护母亲河行动：团中央、全国绿委、水利部、国家林业局和中国青少年基金会共同发起“保护母亲河行动——迈向21世纪的绿色希望工程”。项目充分运用希望工程的经验，采用工程造林、项目管理和“一助一”等有效方式，用所有的赠款、物，在国家、省、市、县重点生态治理区，建设绿色工程、流域综合治理工程，资助贫困农户植树造林。捐赠办法：1. 50元钱捐植一棵树；2. 2000元钱捐植一亩林或捐建一亩坡地改梯田；3. 个人捐赠2万元以上、机构捐赠10万元以上，以捐赠者的名义为捐植的树林或捐治的流域命名；4. 捐100万元，建立以捐赠者的名义命名的“保护母亲河——某某某绿色希望工程基金”；5. 其他捐赠，无论多少都进入“绿色希望工程基金”，统一使用；6. 捐赠用于植树造林、流域治理和项目管理的物资。

希望工程图书室：通过发动社会的力量筹集资金，为贫困地区的中小学捐赠图书，建立“希望工程图书室”，以解决这些地区学校图书馆装备用书严重不足的困境，使这些学校的学生不仅有学上，而且有书读，为人才培养贡献力量。“希望工程图书室”项目的社会捐款，主要用于选购农村小学师生需要的图书，这些图书是参照教育部中小学图书馆装备用书目录选编并经过有关专家精心审定、标准配置。每个图书室包含精品图书不少于1000册，书目每年更新。“希望工程图书室”公益项目的目标是通过数年的努力，为全国万所希望小学分别建立有5000册藏书的小型校园图书馆。

历史成效

中国青少年基金会发起并组织实施的希望工程，已经成为我国20世纪90年代社会参与最广泛、最富影响的民间社会事业。希望工程实施以来，以协助政府普及九年义务教育和扶贫攻坚为宗旨，坚持“雪中送炭”的原则，通过救助因家庭贫困而失学的儿童继续小学学业，建设希望小学等措施，提高了贫困地区小学适龄儿童的入学率、巩固率、升学率，降低了辍学率，改善了办学条件，提高了办学质量，成效显著。希望工程促进了我国农村贫困地区基础教育事业的发展，开辟了一条动员社会力量协助政府办教育的新路。

以1996年为例，希望工程在695个实施县中安排的受助生数量占当年失学儿童总数的30.9%，希望工程的救助已经成为保障贫困地区儿童得以继续学业的重要方式。希望工程救助失学儿童的覆盖面广，县覆盖率达到74.7%。对734所希望小学抽样调查结果显示：校均危房面积平均减少79.5%，校舍面积增加47.2%，操场面积增加75.4%，课桌椅配齐率和教具教学仪器配齐率明显提高，办学条件显著改善。希望小学建成以后，学校覆盖率的生源范围明显扩大，学生数量平均增加22.1%，教职工数量平均增加16.0%，教师队伍的质量有明显的改善。同时学校课程的开齐率、学龄儿童入学率和小学生升学率有非常明显的提高。

截止到2001年12月31日，全国希望工程累计资助建设希望小学8890所；累计资助失学儿童2474342名；累计资助“希望之星”20543名；累计援建希望网校130所；累计培训希望小学教师15898名；累计捐赠10000套希望书库和3000套三辰影库。

希望工程20多年来，累计募集的资金有56亿7000多万，累积资助学生346万人，缓建边远山区、贫困地区的希望小学15940所。

中华大典

中华民族数千年来创造了悠久而绵延不绝的历史文化，积累了大量文献典籍。我国自古就有将这些典籍汇编成类的传统。近2000年来，中国古代编纂的类书约有1600多种。其中经典的有：唐代的《艺文类聚》、宋代的《太平御览》、明代的《永乐大典》、清代的《古今图书集成》。但因为受时代等局限，这些书有很多应收而未收，因此新编一部大型类书也就成为新时代的新要求。

新中国成立以来最大的文化出版工程

《中华大典》是我国继唐、宋、明、清之后启动的又一项规模大、难度高的古籍整理工程。该书参照现代图书分类方法，对先秦至1911年近2000年时间里，我国优秀文化典籍进行梳理汇编。内容涵纳了儒家、诸子百家、佛道诸教以及志书等优秀文献资料，是一部中国历代汉文字古籍的新型类书。它将弥补以前类书的诸多不足。

《中华大典》工程于1992年正式启动编撰，全面铺开，投入总经费4亿元人民币。全书按现代科学分类方法分为24个典，包含116个分典，所采集的文献资料上自先秦，下迄辛亥革命，收入两万多种古籍，共8亿多字，是明代《永乐大典》的两倍多，是清代《古今图书集成》的4倍多，将超过中国所有古代类书字数的总和。

其体例结构既吸收我国古代类书编排的优点，又具有现代科学的系统分类的特点。经纬目的设置，采用《古今图书集成》经目与纬目相交织的统一框架结构。经目与纬目每一大类的名称，均以现代科学命名，其内容也尽可能纳入现代科学分类体系之中，从而体现新型类书的特点。经目从上至下，一般分为典、分典、总部、部四级。

《中华大典》的一级经目24个典包括：哲学典、宗教典、政治典、军事典、经济典、法律典、教育体育典、语言文字典、文学典、艺术典、历史典、历史地理典、民俗典、数学典、物理化学典、天文地学典、医药卫生典、农业典、水利典、林业典、生物典、工业典、交通运输典、文献目录典。

截至2012年，《中华大典》已出版了《文学典》《哲学典》《历史典》等分典、2.2亿字。

《中华大典》的编纂和出版有利于全面整理中国古籍，抢救、保存、传承和弘扬中华优秀传统文化，振奋民族精神；有利于建设社会主义先进文化，凝聚和激励全民族的力量；有利于推动当代的科学研究，提高学术水准；有利于海内外专家学者考察、研究中国文化，促进国际文化交流和中华文化走向世界；有利于推进国内外广大学者的文化交往和学术合作，促进中华民族的大团结和祖国和平统一大业。《中华大典》是中国经济文化繁荣昌盛的重要标志，是建设中国特色社会主义先进文化的需要，是功在当代利在千秋的伟大文化工程。

强大的编纂阵容

《中华大典》的编纂源于20世纪80年代，一次由18家古籍出版社负责人提出的倡议，和包括钱钟书、冯友兰、任继愈、钱学森、季羡林在内的300多位学者联名向国务院的呼吁。工程得到国家的大力支持，被列入国家“十一五重点社科规划项目”，也是新中国成立以来最大的文化工程之一。一批年逾古稀的老专家如程千帆、戴逸、席泽宗、张晋藩、邹逸麟、朱祖延、马继兴、佘瀛鳌、李国钧、李明富、葛剑雄、马建石、卞孝萱等为这套恢宏大典的编纂倾注了大量心血。

《中华大典》编纂委员会主任是当时的国家图书馆馆长、北京大学教授以及中国哲学史学会会长任继愈。任继愈同时是《中华大典》哲学典、宗教典主编。任继愈1916年4月15日生，山东省平原县人。1934年考入北京大学哲学系，1942年毕业于西南联大北大文科研究所，留北京大学任教。1987年任继愈任国家图书馆馆长，在担任馆长的18里，他一直在领导中国传统文化资料整理工作。

此外，《中华大典》个分典的带领人也都是该行业里面的精英翘楚，编纂整容不可谓不强大。

《中华大典·生物学典》主编：吴征镒，中国科学院院士、世界著名植物学家、中国科学院昆明植物研究所名誉所长，曾获得2007年度国家最高科学技术奖；

《中华大典·政治典》主编：杨寄林，河北师范大学历史文化学院教授；

《中华大典·军事典》主编：吴子勇少将，中国军事科学院军制研究部副部长；

《中华大典·经济典》主编：宁可，首都师范大学终身教授、博士生导师、资深敦煌学家；

《中华大典·法律典》主编：张晋藩，中国政法大学教授、博士生导师、著名法学家；

《中华大典·文学典》主编：程千帆，南京大学教授、中国著名古代文史学家、教育家；

《中华大典·艺术典》主编：金维诺，中央美术学院美术史系主任、教授、博士生导师；

《中华大典·历史典》主编：熊月之，复旦大学历史系教授、博士生导师、历史研究所所长；

《中华大典·民俗典》主编：白化文，北京大学信息管理系教授、中国楹联学会顾问；

《中华大典·数学典》主编：郭书春，全国数学史学会理事长、中国科学院自然科学史研究所研究员；

《中华大典·天文典》主编：江晓原，上海交通大学科学史系主任、教授、博士生导师；

《中华大典·地学典》主编：王渝生，中科院理学博士、自然科学史研究所研究员、博士生导师；

《中华大典·农业典》主编：李根蟠，中国社会科学院经济研究所研究员、博士生导师；

《中华大典·林业典》主编：尹伟伦，中国工程院院士、北京林业大学校长、生物学森林培育学家；

《中华大典·工业典》主编：魏明孔，中国社会科学院经济研究所研究员、河北大学文学院教授；

《中华大典·交通运输典》主编：葛剑雄，复旦大学中国历史地理研究所所长、主任、教授；

《中华大典·历史地理典》主编：葛剑雄，复旦大学中国历史地理研究所所长、主任、教授；

《中华大典·医药卫生典》主编：傅世垣，中国中医研究院院长、中国中医药学会副会长；

《中华大典·物理化学典》主编：金正耀，中国科学技术大学科学史与科技考古教授、博士生导师；

《中华大典·教育体育典》主编：孙培青，华东师范大学教育学系系主任、博士生导师；

《中华大典·语言文字典》主编：朱祖延，湖北大学教授、中文系主任、著名辞书学家、文献学家；

《中华大典·文献目录典》主编：周少川，北京师范大学古籍研究所教授、博士生导师。

孔子学院

在信息时代的今天，世界各国之间的政治、经济联系日益密切、频繁，文化交往不断增多，各国对文化传播越来越重视，语言作为文化载体的作用越来越凸现出来，向国外推广本国语言已成为文化传播的重要手段。许多国家甚至已经把通过推广语言传播文化列入了国家战略，使其变成了一项重要的政府行为。

全球汉语热催生孔子学院

随着我国国际地位的不断提高和国际交往的日益广泛，世界各国对汉语学习的需求也在急剧增长。在韩国，上百所大学开设了汉语课程，学习汉语的人数超过100万。一些著名的企业出于战略考虑越来越重视培养员工的汉语能力。在日本，“汉语热”直追“英语热”，成为继英语之后的第二大外语，学习汉语的人多达200万左右。仅日本五大主要中文培训学校，2004年的入校生已突破5000人，比2000年增加了5倍。在英国从2002年到2005年，英国大学里把汉语作为主课选修的学生数量已经翻了一番。英国汇丰银行从2001年起每年都投入大量资金，通过英国文化委员会主办若干支持汉语教育和赞助青年学习中文的项目。在法国，汉语热更是保持了强劲的增长势头。

在全球方兴未艾的汉语学习热潮下，创办传播中华文化相关机构的历史重任落在了国家对外汉语教学领导小组身上。国家汉办成立于1987年，是由国务院11个部门领导组成的日常办事机构，设置在教育部内。国家汉办成立的初衷是希望以语言作为桥梁，以民间的文化语言交流的方式传播中华文化，达到宣传中华民族价值观的目的。

2002年，中国开始酝酿在海外设立语言推广机构。从2004年开始，在借鉴德国歌德学院、法国法语联盟、西班牙塞万提斯学院等机构推广本民族语言经验的基础上，我国在海外设立的以教授汉语和传播中国文化为宗旨的非营利性公益机构——孔子学院终于诞生。

孔子学院总部设在北京，2007年4月9日挂牌。境外的孔子学院都是其分支机构，主要采用中外合作的形式开办。孔子是中国传统文化的代表人物，选择孔子作为汉语教学品牌是中国传统文化复兴的标志。

据国家汉办统计：2004年，中国派出69名对外汉语教师，2006年派出1000名志愿者和1000名教师；2005年，海外有近3万人参加汉语考试，2006年则翻了一番。

快速发展

全球第一所孔子学院是2004年11月21日在韩国首都首尔挂牌成立的。截止到2010年10月全球已启动孔子学院322所和孔子课堂369个，分布在96个国家和地区。其中，孔子学院亚洲81所、美洲103所、大洋洲12所、欧洲105所、非洲21所。此外，还有多个国家和地区的多家机构提出了设立申请；国内61所高校和机构参与了孔子学院的合作办学。

2006年，国家汉办等部门向80个国家派出包括孔子学院在内的教师1004人，是2005年派出人数的3倍多；向34个国家派出志愿者教师1050人，是2005年的1.5倍；培训国外汉语教师15896人次，比2005年增长了50%。

为了应对孔子学院外派老师的需求，汉办在全国高校设立汉语国际教育专业硕士学位，在12所高校试点招生300人。

在教材建设方面，根据国务委员会的有关指示，在教育部的直接领导下，成功开发了《汉语900句》，并实现了编写、出版及发行一条龙，并与国外出版公司签署了14个语种的翻译协议；与国务院侨办合作改编了《中国历史常识》、《中国地理常识》和《中国文化常识》，翻译成英、法、西、德、日、韩、俄、阿、泰9个语种；积极开发多媒体课件；全年共向85个国家839个单位赠送59万册图书。

中外合作设立的海外孔子学院经费筹措由中外双方共同负责。其中一次性开办费原则上由双方根据协议共同负担。对确有困难的海外申办机构，经孔子学院总部批准，可由中方负责解决。日常经费中，中方可按协议负担所派出管理人员和专职教师的工资、住房、国际旅费、医疗保险等费用，提供免费教材、图书、音像制品等教学资料。同时，经孔子学院总部同意，中方还可提供海外孔子学院组织的汉语教学和传播中国文化专项活动的经费资助。其余费用应由外方负责解决。

海外孔子学院实行年度预算和决算报告制度。年度预算和决算须经理事会审核批准。其中中方承担的经费部分，须按照孔子学院总部的要求实行报批制度，并设立专门账户严格实行专款专用。总部有权对海外孔子学院的经费使用情况进行实行监督、检查和审计。

据2006年底对40所孔子学院的抽样调查，尽管孔子学院平均运行时间不到半年，但已开设汉语课程300多门，开班人数达1.3万人次，课时总数达1.67万，相当于每所学院60人连续半年每周上课10学时；同时，举办了各种文化、经贸讲座、展览、演出等活动，参与者达22万余人次。

问题与解决

成绩固然令人鼓舞，但与全球强劲的汉语学习需求相比，孔子学院供不应求的压力越来越大，对外汉语教师、汉语教材编写方面存在的不足也开始显现，对外汉语教学思路亟待扭转。同时，不少文化学者也开始呼吁：汉语走向国际化，对外汉语教学应该与时俱进、逐步简化，打破曲高和寡的局面。

仅仅是如何填补教师缺口就是一项十分巨大的工程。几年前，国家汉办公派到国外的汉语教师只有六七十人，现在已经增加到数千人。然而，比起国际汉语热对教师的巨大需求，缺口仍然很大。据国家汉办预测，马来西亚汉语教师缺口9万，印度尼西亚缺口10万；日本、韩国、泰国、菲律宾、越南、印尼、中亚五国、印度、巴基斯坦等周边国家对汉语教师的需求都非常迫切；非洲、阿拉伯地区、南美也有要求，而欧洲、北美、澳大利亚、新西兰等发达国家，都希望在汉语教师方面得到中国的大力帮助。2010年，国外学习汉语的人数预计将达到1亿，而全球汉语教师缺口超过400万。然而，中国目前获得对外汉语教师资格证书的仅有3000人，国内专职教师和兼职教师共计6000人。

与教师数量缺口同时存在的是教学方法问题。据反映，尽管绝大多数对外汉语教师的中国语言文化知识丰富，也有比较丰富的教学经验，但对如何根据不同国家、不同文化背景和不同年龄、不同层次需求的外国人有针对性地进行教学，经验还比较欠缺。怎样才能像孔子那样真正做到“因材施教”，是许多对外汉语教师目前的新追求。

教材方面，汉语以难学著称，如何降低汉语学习的门槛，教材建设是一个关键问题。据统计，目前有1000多种对外汉语教材，但方便外国人学习的并不多，教材中间有很多不易理解的内容，教材的编排方式也不合乎外国人的接受习惯。例如，许多对外汉语教材中都有愚公移山的故事，按照外国人的思维，愚公的做法就有点不可思议，他们大多认为完全可以搬个家解决问题；再比如孔融让梨的故事，由于价值观的差异，许多外国人不理解孔融为什么要让梨。不少国家的学生还表示，希望能拥有专门针对自己国家学生的教材；因为到中国旅游的机会越来越多，希望学习一些有关旅游方面的实用的汉语。所以，今后的教材编写要坚持贴近外国人的思想、贴近外国人的习惯、贴近外国人的生活的原则。目前中国正在采取向外招标、中外合编的办法，加紧编纂国别教材，增加多媒体的内容和方法。

北京故宫百年大修

北京故宫，世界上现存规模最大、最完整的古代宫殿建筑群。作为明、清两代帝王的宫殿，故宫已经历了近600年的风风雨雨，记录着历史的兴衰。但随着清王朝的没落，特别是1949年前的38年中，故宫建筑日渐破坏，多处宫殿群倒坍，垃圾成山。1949年中华人民共和国成立后，1961年，国务院宣布故宫为第一批“全国重点文物保护单位”。从五六十年代起进行了大规模的修整，仍不能彻底修复。

见证600年兴衰荣辱

故宫始建于1406年（永乐四年），1420年（永乐十八年）基本竣工，历时14年，是明成祖朱棣在元大都宫殿的基础上兴建的。故宫南北长961米，东西宽753米，面积约为72.5万平方米，建筑面积15.5万平方米。相传故宫一共有9999.5间，实际据1973年专家现场测量故宫有大小院落90多座，房屋有980座，共计8707间。宫城周围环绕着高12米、长3400米的宫墙，形式为一个长方形城池，墙外有52米宽的护城河环绕，形成一个森严壁垒的城堡。故宫宫殿建筑均是木结构、黄琉璃瓦顶、青白石底座，饰以金碧辉煌的彩画。故宫有4个门，正门名午门，东门名东华门，西门名西华门，北门名神武门。面对北门神武门，有用土、石筑成的景山，满山松柏成林。在整体布局上，景山可说是故宫建筑群的屏障。

故宫的建筑依据其布局与功用分为“外朝”与“内廷”两大部分。“外朝”与“内廷”以乾清门为界，乾清门以南为外朝，以北为内廷。故宫外朝、内廷的建筑气氛迥然不同。外朝以太和、中和、保和三大殿为中心，是皇帝举行朝会、行使权力、举行盛典的地方，也称为“前朝”。此外两翼东有文华殿、文渊阁、上驷院、南三所；西有武英殿、内务府等建筑。内廷以乾清宫、交泰殿、坤宁宫后三宫为中心，两翼为养心殿、东六宫、西六宫、斋宫、毓庆宫，后有御花园，是封建帝王与后妃居住之所。内廷东部的宁寿宫是当年乾隆皇帝退位后养老而修建。内廷西部有慈宁宫、寿安宫等。此外还有重华宫、北五所等建筑。

故宫建成后，经历了明、清两个王朝，到1911年清帝逊位的约500年间，历经了明、清两个朝代24位皇帝，是明清两朝最高统治核心的代名词。明清宫廷500多年的历史，包含了帝后活动、等级制度、权力斗争、宗教祭祀等。当时普通人连走近紫禁城墙附近的地方都算犯罪。由于明清宫廷是封建制度高度完备的最高统治中心，不寻常的大事，往往都是围绕皇权的传承与安危展开的。如明代正统皇帝复辟的夺门之变、嘉靖皇帝被宫女谋刺的壬寅宫变、万历四十三年梃击太子宫的“梃击案”、泰昌皇帝因服丹丸而死亡的“红丸案”、泰昌帝病死后围绕着新皇帝登极的“移宫”风波，清朝初诸王大臣为确立皇权的三官庙之争、清末慈禧太后谋取权力的辛酉政变等等。

1911年辛亥革命后，紫禁城宫殿本应全部收归国有，但按照那时拟定的《清室优待条件》，逊帝爱新觉罗·溥仪被允许“暂居宫禁”。1924年，冯玉祥发动“北京政变”，将溥仪逐出宫禁，同时成立“清室善后委员会”，接管了故宫。1925年10月10日故宫博物院正式成立，对外开放。

百年大修计划

昔日的故宫雄伟庄严，然而在经历了近600年的风风雨雨之后，故宫在许多光鲜宏伟的殿堂背后，更多的却是经年未修的古建筑——摇摇欲坠的雕梁画栋、褪色脱落的油漆彩绘和积满污垢的汉白玉石……因为年久失修，2002年故宫对游客开放的区域尚不足总面积的三分之一。王朝早已经被埋葬，当年皇权的阳刚霸气早已被风霜利剑打磨得荡然无存。在“游人止步”

的牌子和紧锁的大门背后，参观者只能透过门缝窥测昔日帝王生活的遗迹。

故宫作为一组结构严谨的庞大建筑群，需要及时的维护。自明至清，虽经历史兴衰，作为皇城的故宫经多次修复，不断完善，特别是在乾隆年间进行了大规模的添建、改建、重修，遂成今日规模。但是自晚清以来，社会动荡，战争频仍，国力衰微，故宫没有得到足够的维护。新中国成立后，50年代进行了一次大修，光是垃圾就运走了25万立方米。用这些垃圾，可以从北京到天津修一条6米宽、路基35厘米高的公路。由此可以看到当时故宫破败凄凉的面貌。此后在故宫维护上国家也在不断投入，但国家投入仍不能满足保护故宫的需求。很多地方长期得不到维修，情况越来越严重，最终引起了中央领导的关注。

2001年11月19日，时任国务院副总理的李岚清来到故宫，就此问题召开办公会议，随后国务院发布了《会议纪要》。故宫整体维修是国之大事，历史重任，在中央领导的关心下，故宫大修工程由财政部、文化部、国家文物局三个部门推动步入正轨。经过3年的努力，2005年3月15日，《故宫保护总体规划大纲》得到了国家文物局批复。《大纲》确定大修工程的目标是完整保护和整体维修故宫建筑群，故宫大修分近期、中期、远期三个阶段：2003年至2008年、2009年至2014年、2015年至2020年。预计投资19.52亿元人民币。在沸沸扬扬中，期待已久的故宫大修已经开始了它的漫长历程。这是自1911年故宫修缮后，这个世界上规模最大、最完整的古代宫殿建筑群的首次整体大修。

大修是对传统的继承

故宫大修工程从2002年底对武英殿进行修缮试点开始。武英殿位于太和殿西南方，内金水河畔，落成于明永乐年间（1420年），占地约1.2万平方米，主要建筑60余间，6500多平方米（相当于一个足球场的面积）。建筑群为前后两重，由武英门、武英殿、敬思殿、凝道殿、焕章殿、恒寿斋、浴德堂诸殿堂以及左右廊房63楹组成。

武英殿建筑格局奠基在明代，主要建筑是清同治八年（1869年）大火后再建，并于光绪二十八年（1902年）进行过大规模整修。1914年，沉寂多时的武英殿再次热闹起来。在民国政府内务总长朱启钤的主持下，重修过廊，凿墙开窗，武英殿被改建为古物陈列所。1925年10月10日，故宫博物院成立，陈列所正式对外开放，500年的皇宫禁地第一次向公众打开了厚重的大门。两天之内，5万名市民拥入紫禁城。随后，武英殿里安装了紫禁城内的第一部电话和自来水系统。然而自辛亥革命至今历经百年风雨，武英殿已显老态。

古建修缮的第一步是前期勘察设计工作。2001年起，故宫工作人员花了1年多的时间查找武英殿的历史资料、进行现场勘察、做设计方案。在勘察中，发现大殿的两个大梁以及一根立柱已经严重腐朽。作为故宫大修的“试点”工程，除了古建筑的修缮外，武英殿工程还肩负着另外两重使命:一是在许多传统材料、传统工艺已经失传的前提下，解决古建修缮中最关键的木、瓦、油（颜料）的难题；二是为已经全面启动的故宫大修找出一条科学修缮、使用和管理的道路。

当时故宫古建修缮中心的在职人员有100人左右。这些工匠的平均年龄有四十六七岁，全都是北京人。在这次大修中，这些工匠是绝对主力。有的故宫古建施工队员工是祖孙三代都在这里工作。故宫大修工程的六大主要材料中，砖、琉璃瓦、木材、石材、金箔五种，完全是传统材料，甚至砖、瓦、石、金的生产场地都是历史上的原产地。迄今为止，故宫大修已经使用了56万块青砖、91.4万块琉璃瓦、27万块复釉翻新琉璃瓦、4781立方米木材、84.9万张金箔、48立方米石材。

故宫大修用的苏州“金砖”产自苏州陆墓御窑砖瓦厂。现代金砖制作仍然采用古法，首先要把土料挖出来晾，经过风吹、雨淋、日晒，然后将土埋在土池里一段时间后再挖出来晾，接下来才能制作土坯。烘烤通常要四五十天。制造金砖的整个过程，需要1年半的时间。其选料精良、制作精细，“敲之有声，断之密而无孔”，颜色非常均匀，密度达标，是延续明清历史传统的成熟产品。故宫已经和正在使用的苏州金砖数量在4万块左右，相当于重新铺出9个太和殿；其中武英殿建筑群耗用了3600块金砖，“太和”“中和”和“保和”三大殿耗用1800块金砖。

在对武英殿的大修中，琉璃瓦破损或脱釉严重的都被换掉，共换掉约30%，主要是前殿和后殿前面的屋顶。所有的琉璃瓦都有单独的样式要求，都是手工加工。瓦胎的土料都是来自门头沟。故宫古建筑中包含大量油饰彩画，其中许多是清朝康乾时期的彩画，这些彩画十分珍贵。但是，现在内檐现存彩画不同程度地出现了表层龟裂、起甲、剥离、褪色、污染等病害现象，地仗酥碱、空鼓较严重，有些脱落严重。技术人员借助了一些现代技术，譬如对于局部空鼓和部分起甲的彩画，采取注射渗透加固的方法。

故宫维修过程中，激光雷达技术被应用于古建筑数字化保护。古建筑木构件树种配置模式以及物理学性质变异性研究也得到运用。在清洗“水晶宫”故宫灵沼轩时，选择国际先进的喷砂物理方法进行了试验———欧美许多主要古迹清洗保护采用该项技术，如梵蒂冈“天主大教堂”、埃及梅农巨像、美国自由女神像、美国国会山总统像等。

大修后的武英殿成为故宫博物院书画馆，常年展出馆藏书画，包括：王羲之的《兰亭序》临本、黄庭坚的《诗送四十九侄》卷、米芾《珊瑚贴》页、赵孟頫《秀石疏林图》卷、唐寅《钱塘景物图》轴、文徵明《曲港归舟图》轴、傅山草书诗轴、朱耷《弇州山人诗》轴、石涛《云山图》轴等，展览的每一幅作品都是美术史上的经典之作。

青海柴达木10亿瓦级太阳能电站

太阳是一个巨大无尽的洁净能源中心。在太阳内部进行的由“氢”到“氦”核聚变反应已经持续了几十亿年，太阳每秒钟照射到地球上的能量就相当于燃烧500万吨煤释放的热量。开发利用太阳能，使之成为能源体系中重要的替代能源可以说是人类能源战略上的终极理想。

中国太阳能发展概况

中国太阳能资源非常丰富，理论储量达每年17000亿吨标准煤。太阳能资源开发利用的潜力非常广阔。中国地处北半球，南北距离和东西距离都在5000千米以上，在中国广阔的土地上，有着丰富的太阳能资源。大多数地区年平均日辐射量在每平方米4千瓦时以上，西藏日辐射量最高达每平方米7千瓦时。年日照时数大于2000小时，居世界第二位，仅次于撒哈拉大沙漠。与同纬度的其他国家相比，与美国相近，比欧洲、日本优越得多，因而有巨大的开发潜能。我国太阳能资源较丰富地区包括河北西北部、山西北部、内蒙古南部、宁夏南部、甘肃中部、青海东部、西藏东南部和新疆南部等地。

中国是目前世界最大的太阳能光伏产品生产国，2007年太阳能发电量达到11亿瓦，占全球太阳能发电总量的27.5%，位居世界第一。相比汽车、家电等百年成熟产业而言，太阳能产业是新兴产业，其大规模发展也就10多年的时间，中国光伏发电产业于20世纪70年代起步，90年代中期进入稳步发展时期。太阳能电池年产量达到1188兆瓦，超过日本和欧洲，并已初步建立起从原材料生产到光伏系统建设等多个环节组成的完整产业链，特别是多晶硅材料生产取得了重大进展，突破了年产千吨大关，冲破了太阳能电池原材料生产的瓶颈制约，为我国光伏发电的规模化发展奠定了基础。目前我国已有数百家企业从事光伏生产及研究，其中无锡尚德、江西赛维等10家企业已成功实现海外上市。它们虽是能源产业的后起之秀，但其市值之和已与中国神华、中煤能源等全国煤炭类上市企业的市值之和相当。中国是太阳能热水器第一生产大国。小型可再生能源项目正继续融入中国农村能源体系。

目前中国的太阳能发电利用主要在三个方面：一是建设太阳能光伏电站，解决边远地区的人口用电问题。从2002年至2003年，我国通过政府投资50亿元人民币建设太阳能发电站，解决了1000个乡近200万人口用电问题。二是在城市中结合大型建筑建设一批分散并网的小型太阳能电厂。三是利用西部比较丰富的沙漠、戈壁资源，建设一批太阳能电站。

根据《中国可再生能源中长期发展规划》，到2020年，我国力争使太阳能发电装机容量达到18亿瓦，到2050年将达到6000亿瓦。预计，到2050年，中国可再生能源的电力装机将占全国电力装机的25%，其中光伏发电装机将占到5%。未来十几年，我国太阳能装机容量的复合增长率将高达25%以上。不仅节约大量煤炭、石油等不可再生资源，而且对节能减排、保护环境将起到重要作用。

世界最大太阳能发电站

10亿瓦级大型太阳能电站位于地处青藏高原北部的柴达木盆地，这里地貌以荒漠戈壁为主，太阳能资源丰富，是我国建设大型荒漠太阳能并网电站的理想场所。该地区年均日照时数在3000小时左右，太阳辐射和日照仅次于西藏，居全国第二位，是中国光能资源丰富的地区，综合开发条件居全国首位。柴达木盆地被誉为中国的“聚宝盆”，自然资源丰富。油气、盐湖等矿业资源保有资源储量潜在经济价值达16.27万亿元。钾盐、镁盐、锂盐、锶矿、芒硝、化肥用蛇纹盐、石棉7种矿产保有量居全国首位，保有储量在全国名列前10位的主要矿种有24种。

2005年10月，中央正式批准柴达木作为全国第一批13个发展循环经济试点的产业园区之一。这是目前中国面积最大的区域性循环经济试验区，总面积25.66万平方千米，相当于8个台湾省的面积。目前柴达木盆地已拥有格尔木工业园区、德令哈工业园区、大柴旦工业园区、乌兰工业园区4个功能园区，产业集聚效应已经显现。此外，青藏铁路与多条国道、格尔木机场在区内形成立体交通网，电力基础好，大电网基本覆盖全区。同年12月20日，青海省建设银行向柴达木循环经济试验区提供了100亿元授信额度，以支持循环经济项目发展。柴达木盆地独特的地理资源环境和区域发展定位规划，决定了该区域是目前中国大陆建设大型荒漠太阳能并网电站的绝佳场所。

2008年12月27日，青海省海西蒙古族藏族自治州人民政府与中国科技发展集团有限公司、青海新能源（集团）有限公司在西宁签署了关于在青海柴达木盆地投资建设10亿瓦级大型并网太阳能电站的合作协议书。

该工程总投资300亿元以上，工程期限为2009—2020年，规划总装机容量为10亿瓦，其规模相当于目前世界太阳能电站总装机容量的三分之一，是世界第一个10亿瓦级太阳能发电站。柴达木太阳能电站在国内首创采用非晶硅薄膜、晶体硅混合的光伏电池方阵。首期建设规模30兆瓦，首期投资金额约10亿元人民币，于2009年开工建设。建成后，柴达木太阳能电站将成为目前中国最大的并网光伏电站，也将是迄今所筹建的世界最大的太阳能发电站的两倍大。

10亿瓦级大型太阳能并网电站落户柴达木循环经济试验区，能充分利用柴达木盆地的太阳能和荒漠资源，对实现青海省经济增长方式的根本转变具有重要意义。大型并网光伏电站的建设，也能带动青海省光伏产业各环节的发展，同时也是对国家节能减排政策的积极响应，是实现当地经济可持续发展和生态环境改善双赢的必然选择。

甘肃酒泉风力发电基地

风是一种潜力很大的新能源。有人估计过，地球上可用来发电的风力资源约有100亿千瓦，几乎是现在全世界水力发电量的10倍。目前全世界每年燃烧煤所获得的能量，只有风力在1年内所提供能量的1/3。因此，国内外都很重视利用风力来发电，开发新能源。

风力发电

早在20世纪初世界上就有国家尝试使用风力发电了。20世纪30年代，丹麦、瑞典、苏联和美国应用航空工业的旋翼技术，成功地研制了一些小型风力发电装置。这种小型风力发电机，广泛地应用在多风的海岛和偏僻的乡村，它所获得的电力成本比小型内燃机的发电成本低得多。不过，当时的发电量较低，大都在5千瓦以下。

1978年1月，美国在新墨西哥州的克莱顿镇建成的200千瓦风力发电机，其叶片直径为38米，发电量足够60户居民用电。而1978年初夏，在丹麦日德兰半岛西海岸投入运行的风力发电装置，其发电量则达2000千瓦，风力高57米，所得发电量的75%送入电网，其余供给附近的一所学校用。

风力发电机组，大体上可分风轮（包括尾舵）、发电机和铁塔3部分。风轮是把风的动能转变为机械能的重要部件，它由两只或更多只螺旋桨形的叶轮组成。当风吹向桨叶时，桨叶上产生气动力驱动风轮转动。桨叶对材料要求强度高、质量小，目前多用玻璃钢或其他复合材料如碳纤维来制造。由于风轮的转速比较低，而且风力的大小和方向经常变化着，这又使转速不稳定；所以，在带动发电机之前，还必须附和一个把转速提高到发电机额定转速的齿轮变速箱，再加一个调速机构使转速保持稳定，然后再连接到发电机上。为保持风轮始终对准风向以获得最大的功率，还需在风轮的后面装一个类似风向标的尾舵。铁塔是支撑风轮、尾舵和发电机的构架。它一般修建得比较高，为的是获得较大的和较均匀的风力，所以要有足够的强度。铁塔高度视地面障碍物对风速影响的情况以及风轮的直径大小而定，一般在6～20米范围内。发电机的作用是把由风轮得到的恒定转速，通过升速传递给发电机均匀运转，因而把机械能转变为电能。

一般说来，3级风就有利用的价值。但从经济合理的角度出发，风速大于4米/秒才适宜于发电。据测定，1台55千瓦的风力发电机组，当风速为9.5米/秒时，机组的输出功率为55千瓦；当风速为8米/秒时，功率为38千瓦；风速为6米/秒时，只有16千瓦；而风速为5米/秒时，仅为9.5千瓦。可见风力愈大，经济效益也愈大。

我国的风力资源极为丰富，绝大多数地区的平均风速都在3米/秒以上，特别是东北、西北、西南高原和沿海岛屿，平均风速更大；有的地方一年1/3以上的时间都是大风天。在这些地区，发展风力发电是很有前途的。

巨能量“风电三峡”

2008年8月，甘肃酒泉千万千瓦级风电基地建设全面启动。这是国家继西气东输、西油东输、西电东送和青藏铁路之后，西部大开发的又一标志性工程，被喻为“风电三峡”。

位于甘肃省河西走廊西端的酒泉市是中国风能资源丰富的地区之一，境内的瓜州县被称为“世界风库”，其中玉门市更是被称为“风口”。据气象部门风能评估结果表明，酒泉风能资源总储量为1.5亿千瓦，可开发量4000万千瓦以上，可利用面积近1万平方千米；10米高度风功率密度均在每平方米250～310瓦以上，年平均风速在每秒5.7米以上，年有效风速达6300小时以上，年满负荷发电小时数达2300小时，无破坏性风速，对风能利用极为有利，适宜建设大型并网型风力发电场。为此，国家在2008年批准了酒泉千万千瓦级风电基地规划。

酒泉风电开发始于1996年，经过10多年的建设，目前已建成5座大型风电场，风电装机规模达到41万千瓦。风力发电是可再生能源领域最为成熟、最具大规模开发和商业开发条件的发电方式之一。酒泉风电基地远景风电总装机容量为3565万千瓦，先期计划建设装机容量1065万千瓦。建设酒泉千万千瓦级风电基地，需要投资1100亿元至1200亿元，资金全部由商业投入。目前酒泉风能资源已吸引了国内20多家大型企业前来投资和考察。

目前酒泉正分步实施煤电基地建设目标，酒泉风电项目此前第一期380万千瓦风电设备招标工作完成。大连华锐中标179万千瓦，东方汽轮机中标115万千瓦，新疆金风中标81万千瓦，重庆海装中标5万千瓦。依据项目建设计划，到2015年酒泉风电基地装机容量达到1200万千瓦，到2020年建成1360万千瓦的装机容量。

此外，2008年酒泉计划开工建设750千伏为主网架的酒泉、瓜州变电站，被业内人士称为“电力高速公路”，相当于全国普遍采用的500千伏线路的2.5倍，适合于大功率、远距离传送。加快750千伏电网建设，不仅节约占地面积，而且降低了输电价格容量比。甘肃通过双回750千伏线路加强与河西走廊的联系，以满足酒泉地区风电外送。

大力发展风力发电

我国风能资源丰富，可开发利用的风能储量约10亿千瓦。其中，陆地10米以内风力资源为2.53亿千瓦，陆上杆塔高度100米内可利用风能则高达7亿千瓦。根据7亿千瓦的风力资源，在陆地建3亿到4亿千瓦的风电是完全有资源保障的。在陆地上大规模建设风电，不仅可以帮助我国减少二氧化碳排放，而且可以起到减缓西北风力的作用。特别是在西北地区的大风口大规模建设风电，既可以大量增加电力，又可以缓解北方地区冬春季节的扬沙和浮尘天气。

数据显示，截至2008年底，全球风力发电的装机总量突破1亿千瓦。我国第一个风力发电场是于1986年4月在山东荣成并网发电的。目前中国已累计建成100多个风电场，分布在22个省、市、自治区，装机容量已超过1000万千瓦，成为全球第四个风电装机容量超过千万千瓦的国家。目前世界上最大的风力发电国是德国，它的装机容量是2700万千瓦。我国在内蒙古、在甘肃的河西走廊布置了一系列超过百万千瓦乃至1000万千瓦的大型风力发电基地，现在都已经在建设，数年内将超过德国，成为世界最大的风力发电国。

按照2007年8月公布的《可再生能源中长期发展规划》，到2020年，我国风电总装机容量将达3000万千瓦。

可控核聚变装置

2006年9月28日，中国耗时6年、耗资3亿元人民币自主设计制造的新一代托卡马克磁约束核聚变装置“EAST”首次成功完成放电实验，获得电流200千安、时间接近3秒的高温等离子体放电。这使EAST成为世界上第一个建成并真正运行的“全超导非圆截面托卡马克”核聚变实验装置。这是中国可控核聚变研究的里程碑式突破。

能源危机与核聚变发电

自人类进入工业化以来，世界能源消耗迅速增长。有数据显示，自1973年以来，人类已经开采了5500亿桶石油（约合800亿吨），按照现在的开采速度，地球上已探明的1770亿吨石油储量仅够开采50年，已探明的173万亿立方米天然气仅够开采63年，已探明的9827亿吨煤炭还可以用300年到400年。核电站发电需要浓缩铀，世界上已探明的铀储量约490万吨，钍储量约275万吨，全球441座核电站每年需要消耗6万多吨浓缩铀，地球上的铀储量仅够使用100年左右。世界各国水能开发也已近饱和，而风能、太阳能尚无法满足人类庞大的需求。随着石油价格上涨，能源危机再次被提起，各国也加快了新能源研发，核聚变能就是重点之一。

与传统的裂变式核电站相比，核聚变发电具有明显的优势。核聚变所用的重要核燃料是氘，理论上，只需1千克氘和10千克锂（通过锂可得到氚）就可以保证一座百万千瓦聚变核电站运转一天，而传统核电站和火力发电站至少需要100千克铀或1万吨煤。制取1千克浓缩铀的费用是1.2万美元，而制取1千克氘的费用只有300美元。一座100万千瓦的核聚变电站，每年耗氘量只需304千克；而一座百万千瓦裂变式核电站，需要30～40吨核燃料。

氘的发热量相当于同等煤的2000万倍，而且是海水中大量存在的元素。据测算，海水中大约每600个氢原子中就有一个氘原子，每1千克海水中含有0.03克的氘，通过核聚变反应产生的能量，相当于燃烧300千克的汽油。就是说，“1升海水约等于300升汽油”。地球上的海水总量约为138亿亿立方米，其中氘的储量约40万亿吨，足够人类使用百亿年。锂是核聚变实现纯氘反应的过渡性辅助“燃料”，地球上的锂储量有2000多亿吨，海水中的氘再加上锂至少够我们地球用上千亿年。科学家们正在以海水中的氘为主要原料，进行核聚变反应试验，以期建立可以投入商业运营的热核聚变反应堆，彻底解决人类未来的能源问题。

更为可贵的是，核聚变反应是清洁能源，几乎不存在放射性污染，核裂变的原料本身带有放射性，而核聚变反应过程中，在任何时刻都只有一丁点的氘在聚变，无需担忧失控的危险，而且也不会产生放射性的物质。即使像切尔诺贝利核电站那样发生损坏，核聚变反应堆也会自动立即中止反应，因此受控核聚变产生的能量是一种无限、清洁、成本低廉和安全可靠的新能源。在这一系列的动力下，核聚变的研究已经持续了半个多世纪。

托卡马克装置

目前人类已经可以实现不受控制的核聚变，如氢弹的爆炸。但是要想能量可被人类有效利用，必须能够合理地控制核聚变的速度和规模，实现持续、平稳的能量输出。

为了解决核聚变反应堆的制造问题，早在60年前，科学家们就提出了两种约束高温反应体进行核聚变的理论。一种是激光惯性约束。这一方法是把几毫克的氘和氚的混合气体装入直径约几毫米的小球内，然后从外面均匀射入高能激光束或粒子束，球囊内的氘-氚反应气体受力向内挤压，压力升高，温度也急剧升高，当温度达到核反应需要的温度时，球内气体发生核聚变反应，产生大量热能。这样的爆炸每秒钟持续不断地发生三四次，释放出的热量传导出来就能发电，功率可达到百万千瓦以上。这一理论的奠基人之一是我国著名科学家王淦昌院士。

另一种就是磁力约束。在核聚变反应的高温条件下，等离子体微粒的运行难以捉摸。而实现可控制的核聚变，就必须约束这些"乱跑"的等离子体。那么，怎样在高温下约束等离子体的运行？

20世纪40年代末，苏联科学家伊戈尔·塔姆和安德烈·萨哈罗夫（苏联氢弹之父）提出了"磁约束"概念，即通过强大的磁场形成一个封闭的环绕型磁力线，让等离子体沿磁力线运行。等离子体具有的一个性质是，磁场不可穿过其内部，只可以沿着等离子体的边沿绕行，这样就可以使用磁场将等离子体约束起来，利用运动电荷在磁场中做圆周运动的规律，使核聚变物质与容器隔离。

磁笼线圈通电后会产生巨大磁场，将等离子体揽在环形真空室内做高速螺旋运动，就好像链球运动员一样，虽然球在围着身体高速旋转，控制球的绳子却一直抓在手里，它可以把炙热的等离子体托举在空中。根据这一原理，苏联库尔恰托夫原子能研究所的阿奇莫维奇不断进行研究和改进，于1954年制造了世界第一个"环形磁约束容器"装置——托卡马克。

这款托卡马克装置实现了1000万度的等离子体放电，并实现能量输出。这是受控核聚变研究的重大突破，在国际上掀起了一股托卡马克的热潮，各国相继建造或改建了一批大型托卡马克装置。其他装置逐步退出科研的平台。利用托卡马克装置进行的磁约束核聚变研究和利用高能激光进行的惯性约束核聚变研究，成为世界可控核聚变研究的两种主要途径。

在中国的进展

在中国合肥一个实验大厅里，有一座3层楼高的"铁罐"。它叫EAST，是全世界最先进的探索可控核聚变的装置之一。因为它的成功，中国人站在了核聚变研究的前沿。

从20世纪60年代以来，利用磁约束实现可控核聚变，是各种实验路径中最有希望的一种。中国从20世纪90年代开始实施大中型托卡马克发展计划。计划由中国科学家提交申请，在1998年得到国家项目，建造“实验的、先进的、超导的托卡马克”，简称EAST，设在合肥的中科院等离子体所。

EAST的研发不是一件容易的事，磁场的快速变化会让超导体容易失去超导性。各种极端和复杂的条件，加之要让各种复杂仪器集合在狭小的空间里正常工作，这些都使全超导托卡马克的实现很困难。EAST的每一个子系统，都需要更繁杂的系统来支持，而且需要各种新式的设计。

在中国科学家的努力攻克下，2006年，EAST实现了第一次激发等离子态与核聚变。很快，它就实现了最高连续1000秒的运行，这在当时是前所未有的成就。

目前，EAST等实验装置仍然继续在等离子体的参数如温度、密度、持续放电时间上取得突破，成为国际上同类装置优先参考的样板。

除了EAST，近年我国先后建成HT-7中型超导托卡马克、HL-2A大中型常规导体托卡马克。其中，HL-2A最高电子温度达5500万摄氏度，也达到国际先进水平。

凭借出众的技术成就，中国科学家正在国际热核聚变实验堆计划中发挥核心作用。该计划是世界各大国合作的巨型全超导托卡马克装置，也是中国参与的最大国际科学计划。

目前，根据同国际热核聚变组织达成的协议，中国承担了该托卡马克装置近8%的采购包，包括包层壁、线圈导体等12个任务，基本涵盖了其核心关键部件。

三北防护林体系工程

三北防护林体系建设工程是一项利在当代、功在千秋的宏伟工程，不仅是中国生态环境建设的重大工程，也是全球生态环境建设的重要组成部分。其建设规模之大、速度之快、效益之高均超过美国的“罗斯福大草原林业工程”、苏联的“斯大林改善大自然计划”和北非五国的“绿色坝工程”，在国际上被誉为“中国的绿色长城”。

世界最大生态建设工程

三北防护林体系工程是一项正在我国北方实施的巨型生态体系建设工程，工程地跨东北西部、华北北部和西北大部分地区，包括陕西、甘肃、宁夏、青海、新疆、山西、河北、北京、天津、内蒙古、辽宁、吉林、黑龙江13个省（自治区、直辖市），建设范围东起黑龙江的宾县，西至新疆的乌孜别里山口，北抵国界线，南沿天津、汾河、渭河、洮河下游、布长汗达山、喀喇昆仑山，东西长4480千米，南北宽560～1460千米，总面积406.9万平方千米，占国土面积的42.4%，接近我国的半壁河山。

在这块历史上曾是森林茂密、草原肥美的富庶之地上，种种人为和自然力的作用，使这里的植被遭到破坏，土地沙漠化、水土流失十分严重。区域内分布着八大沙漠、四大沙地，沙漠、戈壁和沙漠化土地总面积达149万平方千米，从新疆一直延伸到黑龙江，形成了一条万里风沙线。在黄土高原，水土流失面积占这一地区总面积的90%，在黄河下游的有些地段河床高出堤外地面3～5米，成为地上“悬河”。大部分地区年均降水量在400毫米以下，形成了“十年九旱，不旱则涝”的气候特点。风沙危害、水土流失和干旱所带来的生态危害严重制约着三北地区的经济和社会发展，使各族人民长期处于贫困落后的境地，同时也构成对中华民族生存发展的严峻挑战。

总结历史经验，1978年11月25日，国务院批准了在三北地区建设大型防护林工程，并特别强调：我国西北、华北及东北西部，风沙危害和水土流失十分严重，木料、燃料、肥料、饲料俱缺，农业生产低而不稳。大力种树种草，特别是有计划地营造带、片、网相结合的防护林体系，是改变这一地区农牧生产条件的一项战略措施。并把这项工程列入了国民经济和社会发展的重点项目。英国《泰晤士报》曾经称赞这一规划构想宏伟为人类历史上征服自然的壮举。

按照工程建设总体规划，三北防护林工程从1978年开始到2050年结束，分三个阶段，八期工程，建设期限73年，共需造林5.34亿亩。

1978—2000年为第一阶段，分三期工程：

1978—1985年为一期工程，

1986—1995年为二期工程，

1996—2000年为三期工程；

2001—2020年为第二阶段，分两期工程：

2001—2010年为四期工程，

2011—2020年为五期工程；

2021—2050年为第三阶段，分三期工程：

2021—2030年为六期工程，

2031—2040年为七期工程，

2041—2050年为八期工程。

三北工程规划造林3508.3万公顷（包括林带、林网折算面积），其中人工造林2637.1万公顷，占总任务的75.1%；飞播造林111.4万公顷，占3.2%；封山封沙育林759.8万公顷，占21.7%。四旁植树52.4亿株。规划总投资为576.8亿元，在保护现有森林植被的基础上，采取人工造林、封山封沙育林和飞机播种造林等措施，实行乔、灌、草结合，带、片网结合，多树种、多林种结合，建设一个功能完备、结构合理、系统稳定的大型防护林体系，建设任务完成后，使三北地区的森林覆盖率由5.05%提高到14.95%，风沙危害和水土流失得到有效控制，生态环境和人民群众的生产生活条件从根本上得到改善。

第二阶段四期工程建设概况

2001年，三北防护林四期工程规划经国家计委批复，四期工程正式启动实施。三北防护林四期工程涉及三北地区的13个省、自治区、直辖市的590个县（旗、市、区），总面积405.39万平方千米。到2010年，在有效保护好工程区内现有2787万公顷森林资源的基础上，完成造林950万公顷，工程建设区内的森林覆盖率净增1.84个百分点，建成一批比较完备的区域性防护林体系，初步遏制了三北地区生态恶化的趋势。在沙区，力争用10年左右时间，使40%的沙化土地得到初步治理，使风沙危害程度和沙尘暴发生频率有效降低。毛乌素、科尔沁、呼伦贝尔三大沙地基本得到治理，生态环境有较大改善。在水土流失区，使50%以上的水土流失面积得到基本治理，治理区的土壤侵蚀模数下降30%以上，流入黄河的泥沙量明显减少。在平原农区，以现有农田防护林为基本框架，建成多林种、多树种、网带片相结合的高标准农田防护林体系。

伴随我国的改革开放，三北防护林体系工程已走过30多年的历程，取得了举世瞩目的成就。超额完成了三北防护林体系一期（1978—1985年）、二期（1986—1995年）工程规划任务，三期（1996—2000年）工程建设，到1998年底，累计造林3亿多亩。这些树木成林后，三北地区的森林覆盖率从5.05%提高到9%以上。重点治理区的环境质量有了较大改善，生态、经济、社会效益明显，有力地促进了农村经济的发展和人民生活水平的提高。

从新疆到黑龙江的风沙危害区营造防风固沙林1亿多亩，使20%的沙漠化土地得到有效治理，沙漠化土地扩展速度由80年代的2100平方千米下降到1700平方千米。辽宁、吉林、黑龙江、北京、天津、山西、宁夏等7省（自治区、直辖市）结束了沙进人退的历史。重点治理的科尔沁、毛乌素两大沙地森林覆盖率分别达到20.4%和29.1%，不仅实现了土地沙漠化逆转，而且进入综合治理、综合开发的新阶段。赤峰市治理开发沙地2100万亩，占沙化土地的58%；榆林沙区森林覆盖率已由1977年的18.1%上升到38.9%，沙化土地治理度达68.4%。

在黄土高原和华北山地等重点水土流失区，实行生物措施与工程措施相结合，按山系、按流域综合治理，建设以水土保持林为主的区域性防护林体系，共造林18460万亩，治理水土20多万平方千米。黄土高原已有40%的水土流失面积得到不同程度的治理，山西省昕水河流域土壤侵蚀模数已由7175吨下降到3226吨。京津周围地区绿化工程是三北防护林体系的一项重点工程，实施12年来，河北省项目区森林覆盖率达到25.22%，已充分显示出“泽被当地，护卫京津”的效果，使风沙紧逼北京城的状况得到一定程度的缓解，张家口市土壤侵蚀模数已由过去的5900吨下降到1540吨，官厅水库泥沙入库量由899吨减少到235吨，潘家口和密云两大水库泥沙入库量分别减少20%和60%。辽宁省在辽西低山丘陵区营造水土保持林450多万亩，土壤侵蚀模数已由4500～5000吨下降到1500～2191吨，朝阳市水土流失控制面积达到70%以上。

在广大农区，把大力营造农田防护林作为改善农业生产条件的一项基础设施，始终放在三北防护林体系优先发展的地位，共营造农田防护林3600多万亩，有3.23亿亩农田实现林网化，占三北地区农田总面积的65%，在东北西部、内蒙古东部以及西北灌溉农业区已建成跨地区、大面积、集中连片的农田防护林体系。在林网的保护下，生态环境明显优化，土地生产力大大提高，农田基本建设和农业科技成果的效能得到充分发挥，促进了粮食的稳定增产。近十年来，东北区、甘新区、内蒙古及长城沿线区粮食平均亩产和总产增长幅度在全国九大农区中均居前三位。据专家测定，农防林的护田增产效益普遍在10%以上，在风沙危害严重的地区将高达30%以上。吉林省在松辽平原营造了420万亩农田防护林，使4000万亩农田得到了有效庇护，根除了“三刮四种”的现象，农防林年均增产效益达26.5亿千克，1998年粮食产量达177亿千克，是1997年的3.6倍。黑龙江省三北工程建设区的7401万亩耕地有6345万亩得到有效保护，林网化水平达到90%。护田增产效益15%，每年增产粮食23.8亿千克。新疆农田林网化水平达到80%，4300万亩农田受到保护，农防林使粮食增产16%～29%，粮食总产由1978年的370万吨增加到825万吨。

林业的发展不仅改善了生态环境，同时也促进了农村经济的发展。三北地区将资源优势转变为经济优势，已发展经济林5670万亩，建设了一批名、特、优、新果品基地，年产干鲜果品1228万吨，比1978年前增长了10倍，总产值达200多亿元。甘肃省林果业已发展成为全省农村经济的重要支柱之一。1997年全省农民人均林果业收入达到300元，占收入的25%，有41个县的林果特产税收入超过100万元。河北省张家口市大力发展经济林，林业产值由9000万元增加到3亿元，有240个村、15万户农民靠林果业实现了脱贫致富。

其他五大防护林系统工程

除了三北防护林体系工程外，1989年、1990年、1987年、1994年、1996年，我国先后启动长江中上游防护林、沿海防护林、平原绿化、太行山绿化、珠江流域防护林体系建设工程。到2000年底，5个防护林工程一期建设全部结束。

根据《国民经济和社会发展十五计划纲要》，2000年国家林业局又组织编制了5个防护林体系建设二期工程规划。

一、长江流域防护林体系建设工程

一期工程累计完成营造林面积685.5万公顷。其中，人工造林422.5万公顷，飞播造林7.5万公顷，封山育林221.0万公顷，幼林抚育34.5万公顷。工程实施11年后，森林覆盖率由1989年的19.9%提高到29.5%，净增9.6个百分点。治理水土流失面积6.5万平方千米，治理区土壤侵蚀量由治理前的9.3亿吨降低到5.4亿吨，减少了42.0%。改善了农业生产环境，增强了抵御旱、洪、风沙等自然灾害的能力，维护了水利工程效益的发挥。营建的防护林有效庇护农田666.7万公顷以上，仅此一项按减灾增益10%计算，产生的间接效益就达数十亿元。

二期工程建设范围包括：长江、淮河、钱塘江流域的汇水区域，涉及青海、西藏、甘肃、四川、云南、贵州、重庆、陕西、湖北、湖南、江西、安徽、河南、山东、江苏、浙江、上海17个省（市）的1033个县（市、区）。规划造林任务687.6万公顷。其中人工造林313.2万公顷，封山育林348万公顷，飞播造林26.45万公顷。规划低效防护林改造388.1万公顷。

二、珠江流域防护林体系建设工程

1996年，一期工程首批启动实施了13个县。1998年国家实施积极的财政政策，加大了珠防建设的资金投入和支持力度，又先后试点启动了34个县。到2000年，一期工程建设共完成营造林67.5万公顷，其中人工造林23.45万公顷，飞播造林2.76万公顷，封山育林28.19万公顷。完成低效防护林改造任务12.88万公顷，四旁植树1.7亿株。由于一期工程建设启动晚、建设时间短，营造的防护林的效益还没有充分发挥出来。

二期工程建设范围包括：江西、湖南、云南、贵州、广西和广东6个省（自治区）的187个县（市、区）。规划造林227.87万公顷，其中人工造林87.5万公顷，封山育林137.2万公顷，飞播造林3.1万公顷。规划低效防护林改造99.76万公顷。

三、沿海防护林体系建设工程

一期工程建设累计完成造林323.67万公顷，其中人工造林246.44万公顷，封山育林71.98万公顷，飞播造林5.26万公顷。工程区森林覆盖率由一期建设前24.9%增加到目前的35.45%，上升10.55个百分点，平均每年增加1个百分点。通过一期工程建设，沿海基干林带建设有了突破性进展。全国大陆海岸线长18340千米，已有17146千米的海岸基干林带已基本合拢。绿化宜林荒山190.17万公顷，荒山面积从231.66万公顷减少到目前的41.56万公顷，减少了82%。营造农田防护林1.80万公顷，新增农田林网控制面积38.71万公顷，农田林网控制率达到70.05%，比建设前的65%，增加5.05个百分点。沿海地区水土流失面积由建设前396.97万公顷降至目前的288.41万公顷，治理面积达108.56万公顷。发展用材林20.36万公顷，经济林79.92万公顷。

二期工程建设范围包括：辽宁、河北、天津、山东、江苏、上海、浙江、福建、广东、广西、海南等11个沿海省（自治区、直辖市）的220个县（市、区）。规划造林136.00万公顷，其中人工造林68.3万公顷，封山育林61.4万公顷，飞播造林6.33万公顷。规划低效防护林改造97.93万公顷。

四、太行山绿化工程

一期工程累计完成造林295.2万公顷，其中人工造林164.57万公顷，飞播造林30.63万公顷，封山育林100万公顷。此外，还完成四旁植树1.7亿株。工程区森林覆盖率从15.30%提高到了21.58%，增加了6.28个百分点。工程区林草植被覆盖度显著提高，活立木蓄积量增加了3000万立方米。工程区水土流失面积已由治理前的61149平方千米减少到49214平方千米，使水土流失面积占工程区总面积的比重由50%降到了40%。

二期工程建设范围包括：河北、山西、河南、北京3省1市73个县（市、区）。规划造林146.2万公顷，其中人工造林67万公顷，封山育林50.7万公顷，飞播造林28.5万公顷。规划低效防护林改造45.1万公顷。

五、平原绿化工程

按照《全国平原绿化“五、七、九”达标规划》，截止到2000年年底，全国920个平原、半平原、部分平原县（市、旗、区）中有869个达到了部颁“平原县绿化标准”，占规划数的94.5%。平原绿化取得了显著成效。全国平原绿化累计完成造林698万公顷，平原地区森林覆盖率由1987年的7.3%提高到现在的15.7%，增加了8.4个百分点；新造农田防护林376.8万公顷，保护农田3256万公顷，农田林网控制率由1987年的59.6%增加到现在的70.7%，提高了11个百分点，道路、沟渠、河流两岸绿化率达到了85%以上。目前，平原地区有林地面积已达1518万公顷，活立木蓄积达6.2亿立方米。平原地区还发展各类经济林503万公顷。资源的增加，带动了林纸、木材等林副产品加工业和第三产业的蓬勃发展。

二期工程建设范围包括：北京、天津、河北、山西、山东、河南、江苏、安徽、陕西、上海、福建、江西、浙江、湖北、湖南、广东、广西、海南、四川、辽宁、吉林、黑龙江、甘肃、内蒙古、宁夏、新疆26个省、市、自治区的944个县（市、旗、区）。规划建设总任务552.1万公顷。其中新建农田防护林带折合面积41.6万公顷，荒滩荒沙荒地绿化294.5万公顷，村屯绿化112.7万公顷，园林化乡镇建设30.4万公顷，改造提高农田林网面积72.9万公顷。

国家种质资源库

种质资源又称遗传资源，它往往存在于特定品种之中。如古老的地方品种、新培育的推广品种、重要的遗传材料以及野生近缘植物，都属于种质资源的范围。建立种质资源库对农业科研和物种保护具有重要意义。迄今为止，全世界已建成各类种质库500多座，收藏种质资源180多万份。美国20世纪80年代建起了科罗拉多州科林斯堡种质库，收藏种质20多万份。而位于北京中国农业科学院的国家种质资源库，收藏种质33万多份，是世界最大的种质资源库。

中国国家种质资源库

地球上约有100万种动物、30万种植物和很多微生物，那里面蕴藏着丰富多样的基因资源，只要发掘和利用其中的一小部分，就足以为培育农畜新品种开辟广阔天地。随着现代科学的发展，科学家已经将世界上大部分植物有用的基因收集起来，贮存在一个“仓库”中，这个仓库就称之为“基因库”，通俗的名称叫“种质库”。为了保存种质资源，库内有先进的保温隔湿结构和空调仪器，常年保持着低温干燥环境，减缓种子新陈代谢，延长种子寿命，使种子在几年乃至近百年仍不丧失原有的遗传性和发芽能力。有了这个基因库，科学家索取任何育种材料都会得心应手，可以直接应用于杂交育种工作，培育所需的有用的新品种或新物种。

国家种质库是全国作物种质资源长期保存与研究中心。该库于1986年10月在北京中国农业科学院落成，隶属于作物品种资源研究所。国家种质库的总建筑面积为3200平方米，由试验区、种子入库前处理操作区、保存区三部分组成。保存区建有两个长期贮藏冷库，总面积为300平方米，其容量可保存种质40余万份。种质贮藏条件为：温度-18℃～±1℃，相对湿度<50%。

国家种质库在接纳到种子后，需对种子进行清选、生活力检测、干燥脱水等入库保存前处理，然后密封包装存入-18℃冷库。入库保存种子的初始发芽率一般要求高于90%，种子含水量干燥脱水至5%～7%，大豆8%。根据科学家估算，在上述贮藏条件下，一般作物种子寿命可保存50年以上。至2001年底，国家种质库贮存的种质数量已达到33万余份，长期保存的种质数量处于世界第一，为我国作物育种和生产提供了雄厚的物质基础。

按植物分类学统计，库存资源种类不仅丰富，隶属35科192属712种，而且这些种质的80%是从国内收集的，不少属于我国特有的，其中国内地方品种资源占60%，稀有、珍稀和野生近缘植物约占10%。这些资源是在不同生态条件下经过上千年的自然演变形成的，蕴藏着各种潜在可利用基因，是国家的宝贵财富，是人类繁衍生存的基础。国家把这些资源收集起来作为战略资源加于保存，以备子孙后代加以利用。随着贮存数量、种类多样性的增加，以及贮存时间的延长，国家库贮存资源正在发挥其重要作用，并受到世界的高度重视。1998年以来，已有云南农科院、山西农科院、江苏盐都农科所、湖南水稻所、湖南原子能农业应用研究所、中国农业科学院烟草所、中国农业科学院作物所等10多个单位，从国家长期库取出在原保种单位已绝种的种质材料，作为原种材料应用于育种项目及其国家重大科技项目的研究。以国家种质库贮存资源为依托，开发其遗传潜力的国家重大科学工程也已启动。此外，每年有上千人次的中外学者及大中小学生来这里参观学习，是植物遗传资源多样性保护的重要宣传和教学基地。

国家水禽种质资源库

我国是世界上水禽品种最多的国家，也是世界最大的水禽生产和消费国。现有鸭、鹅地方品种分别为27个和26个，鸭、鹅年屠宰量分别达世界总量的77.9%和91.6%。

然而，近年来，由于各地区无计划引进外来水禽品种进行杂交，加之各种水禽传染病特别是禽流感的大面积暴发，我国长期形成的水禽遗传基础遭到破坏，独特种质资源中不少优异特性逐渐丧失。现有鸭、鹅地方品种中，已有草海鹅、文山鹅、思茅鹅等3个品种基本灭绝，中山麻鸭、建昌鸭、阳江鹅、雁鹅等6个品种处于濒危状态。因此建立水禽种质资源基因库，保护我国地方水禽资源刻不容缓。

2003年国家水禽种质资源库在江苏省泰州市成立，它是在省水禽种质资源基因库基础上扩建而成的，项目总投资2000多万元，是目前国内标准最高、规模最大的国家水禽种质资源基因库，集水禽的保种、育种和开发于一体。目前，保种舍建筑面积达1.26万平方米，保存了金定鸭、山麻鸭、荆江麻鸭、高邮鸭、靖西大麻鸭、广西小麻鸭、豁眼鹅、四川白鹅等8个地方鸭、鹅品种活体基因近万只，收集了昆山麻鸭、福建黑羽番鸭、扬州鹅、洪泽湖鹅、莱茵鹅、朗德鹅等国内外水禽品种10多个。

种质资源保护的最终目的是开发利用。近年来，水禽种质资源基因库已为全国10多个省市供应优质种用及商品用苗鸭、鹅1000多万只，培训年饲养量万只以上的鸭（鹅）养殖专业户1000多人次。

中国西南野生生物种质资源库

2008年10月，中国西南野生生物种质资源库在云南昆明正式启用。云南是誉满全球的“植物王国”和“动物王国”，有15000多种植物，约占全国的50%；脊椎动物有1704种，约占全国的55%；昆虫种类有100500种，约占全国的67%。1998年8月，吴征镒院士向朱镕基总理写信，提出“十分有必要尽快建设云南野生生物种质资源库”的建议，并得到朱镕基总理的重视和支持。为此，经国家发改委批准，按照中国科学院和云南省共建共管原则，昆明植物所作为工程建设法人单位，建设我国首座国家级野生生物种质资源库。

中国西南野生生物种质资源库项目总投资1.48亿，建筑面积约7000平方米，园区80亩。项目建设包括种子库、植物离体库、微生物库、动物种质资源库、DNA库和信息中心。发展目标是：15年内达到1.9万种19万份（株）野生生物种质资源，打造国际领先、亚洲一流的种质资源保存和研究机构。

之所以说这是亚洲之最，主要体现在其规模和发展目标上。亚马逊热带雨林是世界上植物多样性最集中体现的地方，那里每1平方千米有100种不同的植物物种，但在这个190平方米的冷库中，将会容纳上万种植物品种，可以说，踏入资源库，一脚踩下去就有上百个物种。

普通种子只要有适宜的温度和湿度下便会发芽，因此在常温下最多能长期保存一至两年。“种质资源库”则是利用低温、干燥的方式，人为地延长种子的活力。以苞谷种子为例，在室外保存1年，活力会下降10%，10粒种子中就有1粒不会发芽。但是存放在这个种质资源库中，上千年后仍会开花结果。

种质资源库是植物的“安全银行”，如果一旦某个物种灭绝了，还可通过存放在“银行”中的种子使其重生。在中国西南野生生物种质资源库中，已收纳了多个濒临灭绝的植物品种，其中包括2006年在石林发现的、已经绝迹100年的“弥勒苣苔”，该物种目前只发现300多个野生植株。

许多种质资源已相当珍贵，在零下20摄氏度的冷库中，种子被存放在密封玻璃罐中，瓶壁上都贴着编码标签。安全起见，种子入库时将由电脑随机编码，记录上该物种的资料信息。

190平方米的资源库最多可容纳17万份野生生物种质资源。目前，已收集了2万份种质，经过鉴定的植物物种约有3000多种。同时，资源库建立的种子采集网络已基本覆盖全国。通过就地保护与迁地保护相结合的方式，以西南地区的野生生物种质资源保护为重点，兼顾周边地区，重点收集稀有濒危种、特有种、有重要经济价值及科学价值的物种，为我国野生生物种质资源的保护、研究、开发及合理利用提供技术支撑条件和决策依据。

致谢

在本系列书编写过程中，为使内容权威、数据精准，我们参考和引用了大量文献资料，现特将参考文献列下：

1.金勇进主编：《数字中国60年》，人民出版社2009年版。

2.《新中国60年重大科技成就巡礼》编写组：《新中国60年重大科技成就巡礼》，人民出版社2009年版。

3.陈煜编：《中国生活记忆——建国60年民生往事》，中国轻工业出版社2009年版。

4.崔常发、谢适汀编：《纪念新中国成立60年学习纲要》，国家行政学院出版社2009年版。

5.王月清著：《伟大的复兴之路——新中国60周年知识问答》，南京大学出版社2009年版。

6.《青少年爱国主义教育读本》编委会：《新中国60年简明大事典——科技与教育》，中国时代经济出版社2009年版。

7.张希贤、凌海金编著：《中国走过60年》，中共中央党校出版社2009年版。

8.周叔莲：《中国工业改革30年的回顾与思考》，《中国流通经济》2008年第10期。

9.张文尝、王姣娥：《改革开放以来中国交通运输布局的重大变化》，《经济地理》2008年第9期。

10.国家统计局：《改革开放30年报告之十三：邮电通信业在不断拓展中快速发展》。

除此之外，本系列书还参考和引用了《中国科学技术发展报告》《中国农业统计资料汇编》《中国统计年鉴》，以及新华网、中国科技网和《光明日报》《科技日报》《北京日报》《人民邮电报》等网站和媒体的相关数据、资料和报道，在此特向以上媒体和网站表示感谢。